G. Oetzmann

cbm 4001 und 8001

Programmieren von Mikrocomputern

Die Bände dieser Reihe geben den Benutzern von
Heimcomputern, Hobbycomputern bzw. Personalcomputern
über die Betriebsanleitung hinaus zusätzliche Anwendungshilfen.
Der Leser findet wertvolle Informationen und Hinweise mit
Beispielen zur optimalen Ausnutzung seines Gerätes, besonders
auch im Hinblick auf die Entwicklung eigener Programme.

Bisher erschienene Bände

Band 1 Einführung in BASIC
von W. Schneider

**Band 2 Lehr- und Übungsbuch für die Rechnerserien
cbm 2001 und cbm 3001**
von G. Oetzmann

Band 3 BASIC für Fortgeschrittene
von W. Schneider

Band 4 Einführung in PASCAL
von W. Schneider

**Band 5 Lehr- und Übungsbuch für die Rechnerserien
cbm 4001 und cbm 8001**
von G. Oetzmann

**Band 6 BASIC-Programmierbuch zu den grundlegenden
Ablaufstrukturen der Datenverarbeitung**
von E. Kaier

Band 7 Lehr- und Übungsbuch für Commodore-Volkscomputer
von G. Oetzmann

Programmieren von Mikrocomputern Band 5

Gerhard Oetzmann

Lehr- und Übungsbuch für die Rechnerserien cbm 4001 und cbm 8001

Mit zahlreichen Beispielen,
8 vollständigen Programmen
und 32 Bildern

Friedr. Vieweg & Sohn   Braunschweig / Wiesbaden

CIP-Kurztitelaufnahme der Deutschen Bibliothek

Oetzmann, Gerhard:
Lehr- und Übungsbuch für die Rechnerserien cbm 4001
und cbm 8001 / Gerhard Oetzmann. — Braunschweig;
Wiesbaden: Vieweg, 1982.
    (Programmieren von Mikrocomputern; Bd. 5)

NE: GT

1. Auflage 1982
    Nachdruck 1983

Satz: Friedr. Vieweg & Sohn, Braunschweig

ISBN 978-3-528-04205-9   ISBN 978-3-322-85854-2 (eBook)
DOI 10.1007/978-3-322-85854-2

Inhaltsverzeichnis

1 Was ist BASIC? 1
  1.1 Ablaufplan 3
  1.2 BASIC-Programm 4
  1.3 Programmtest 4

2 Handhabung des Rechners 6
  2.1 Ein- und Ausschalten 8
  2.2 Spezialtasten 8
  2.3 Aufbau von Zeilen 9
  2.4 Ergebnisdarstellung 9
  2.5 Aufgaben 10

3 cbm-Arithmetik 11
  3.1 Zahlen 13
  3.2 Variablen 13
  3.3 Arithmetische Operatoren 14
  3.4 Arithmetischer Ausdruck 15
  3.5 Wertzuweisung 16
  3.6 Integer-Variablen 17
  3.7 Aufgaben 18

4 Programmaufbau und -ausführung 19
  4.1 Programmbegriff 20
  4.2 Programmkorrektur 21
  4.3 Anzeige von Programmzeilen 22
  4.4 Programmausführung 23
  4.5 Speicherbelegung 24
  4.6 Aufgaben 24

5 Ausgabe auf den Bildschirm 26
  5.1 Textdarstellung 27
  5.2 Ausgabeanweisung 28
  5.3 Positionierung der Ausgabe 29
  5.4 Bildschirmfunktionen 29
  5.5 Aufgaben 31

6 Eingabe 32
- 6.1 Eingabe während des Programmlaufs 33
- 6.2 Eingabe vor dem Programmstart 35
- 6.3 Einzelzeichen-Eingabe 36
- 6.4 Aufgaben 37

7 Verzweigungen 38
- 7.1 Sprunganweisung 39
- 7.2 Berechneter Sprung 40
- 7.3 Bedingte Anweisung 40
- 7.4 Aufgaben 43

8 Benutzung des Recorders 44
- 8.1 Speichern von Programmen 45
- 8.2 Laden von Programmen 46
- 8.3 Bearbeitung von Datenbeständen 47
- 8.4 Aufgaben 48

9 Benutzung der floppy-disk 49
- 9.1 Allgemeine Hinweise 51
- 9.2 Programmarchivierung 51
- 9.3 Sequentielle Dateien 54
- 9.4 Direktzugriffsdateien 56
- 9.5 Fehlerbehandlung 57
- 9.6 Aufgaben 58

10 Benutzung des Druckers 59
- 10.1 Auflistung von Programmen 60
- 10.2 Ausgabe auf den Drucker 61
- 10.3 Formatierung 62
- 10.4 Aufgaben 63

11 Schleifen 65
- 11.1 Schleifen im Ablaufplan 65
- 11.2 Schleifenanweisung 66
- 11.3 Indizierte Variablen 67
- 11.4 Aufgaben 70

12 Unterprogramme 73
- 12.1 Subroutine 74
- 12.2 Funktion 77
- 12.3 Mathematische Standardfunktionen 78
- 12.4 Aufgaben 80

13 Textverarbeitung 81
   13.1 Zeichendarstellung 81
   13.2 Zahlenumwandlung...................................... 82
   13.3 Stringverarbeitung 82
   13.4 Aufgaben 84

14 Demonstrationsbeispiele 85
   14.1 Lineare Interpolation 85
   14.2 Arcustangens 88
   14.3 Integralberechnung nach Romberg 88
   14.4 Gemeinsamer Geburtstag 92
   14.5 Wurf auf ein Tor 92
   14.6 Einfache Stücklistenauflösung 96
   14.7 Lösung linearer Gleichungssysteme 104
   14.8 Normierte Zahldarstellung 105

15 Lösungen der Aufgaben 112

Sachwortverzeichnis 118

Vorwort

Der Kreis der Besitzer von Mikrocomputern nimmt ständig zu. Nur ist es nicht mit der Anschaffung des Rechners getan. Es sind problembezogene Programme nötig. Diese werden oft in BASIC formuliert, wobei fast jeder Hersteller einen eigenen Dialekt dieser Sprache anbietet. Wer effektvoll programmieren will, muß also die auf seinen Rechner ausgerichtete Variante des BASIC beherrschen.

Dieses Buch wendet sich an Leser, die lernen wollen, einen Commodore-Rechner der Serien cbm 4001 oder cbm 8001 in BASIC zu programmieren. Dabei ist ein regelmäßiges, aktives Arbeiten an einem entsprechenden Rechner unverzichtbar. Deshalb sollten die zahlreichen Experimente unbedingt durchgeführt und die Aufgaben, soweit das möglich ist, am Rechner gelöst werden.

Vorkenntnisse über Aufbau und Funktionsweise von Digitalrechnern sind nicht unbedingt erforderlich. Da die Eigenarten der Programmierung sich an mathematischen Problemen besonders einfach demonstrieren lassen, werden geringe Mathematikkenntnisse vorausgesetzt, die sich im wesentlichen auf die Grundlagen der Algebra beschränken.

Zu danken habe ich meiner Frau für die umfassende Unterstützung und die Übernahme der Schreibarbeiten. Ich danke auch der Geschäftsführung der BDB Büro KG, Hamburg 26, die die Entstehung dieses Buches durch die vorübergehende Überlassung einer cbm-Rechenanlage gefördert hat. Nicht zuletzt gilt mein Dank den Mitarbeitern des Verlages für die reibungslose Zusammenarbeit.

G. Oetzmann

Hamburg, im Frühjahr 1982

1 Was ist BASIC?

Charakteristisch für einen frei programmierbaren Digitalrechner ist die Trennung der Arbeitsanweisung (des Programms) von der ausführenden Anlage. Dadurch wird es möglich, *einer* Anlage durch Wechsel des Programms immer wieder neue Aufgaben zu übertragen. Woher nimmt man aber die erforderlichen Programme?

Auch Programme kann man kaufen. Die Erfahrung lehrt jedoch, daß die Übernahme der am Markt angebotenen Software oft unbefriedigend ist, weil eigene Belange nicht angemessen berücksichtigt werden können. Daher sind Sie als Besitzer eines cbm-Rechners in der Regel besser beraten, wenn Sie speziell auf Ihren Bedarf zugeschnittene Programme benutzen. Diese werden Sie allerdings selbst erstellen müssen, wobei Ihnen dieses Buch Hilfestellung geben will.

Eine Programmiersprache wie cbm-BASIC erlernt man nicht ohne intensives Training. Tragen Sie dem Rechnung und führen Sie die jeweils am Anfang der folgenden Kapitel aufgeführten Experimente sorgfältig und vollständig aus. Auch die am Ende der Kapitel gestellten Aufgaben sollten Sie nach Möglichkeit bearbeiten.

Die Beurteilung Ihrer Lösungen wird oft problematisch sein. Wie in Umgangssprachen kann man in Programmiersprachen einen Sachverhalt auf viele Arten richtig darstellen. Abweichungen zur angegebenen Musterlösung bedeuten daher nicht zwangsläufig einen Fehler. Außerdem dürfen diese Lösungen nicht als Ideallösungen verstanden werden. Vielmehr wurde oft aus didaktischen Gründen auf knappe Formulierungen bewußt verzichtet.

Am Beispiel der quadratischen Gleichung wollen wir erläutern, wie ein vorgelegtes Problem in ein Programm umgesetzt wird. Die allgemeine Form der Gleichung ist $x^2 + px + q = 0$. Ihre Lösungen lauten

$$x_1 = -\frac{p}{2} - \sqrt{\frac{p^2}{4} - q}$$

$$x_2 = -\frac{p}{2} + \sqrt{\frac{p^2}{4} - q}$$

wie man in mathematischen Formelsammlungen nachlesen kann. Damit liegt der Umfang der auszuführenden Berechnungen fest.

Im ersten Aufbereitungsprozeß müssen wir die erforderlichen Rechenschritte in eine zeitliche Folge bringen:

Werte für p und q festlegen („eingeben").

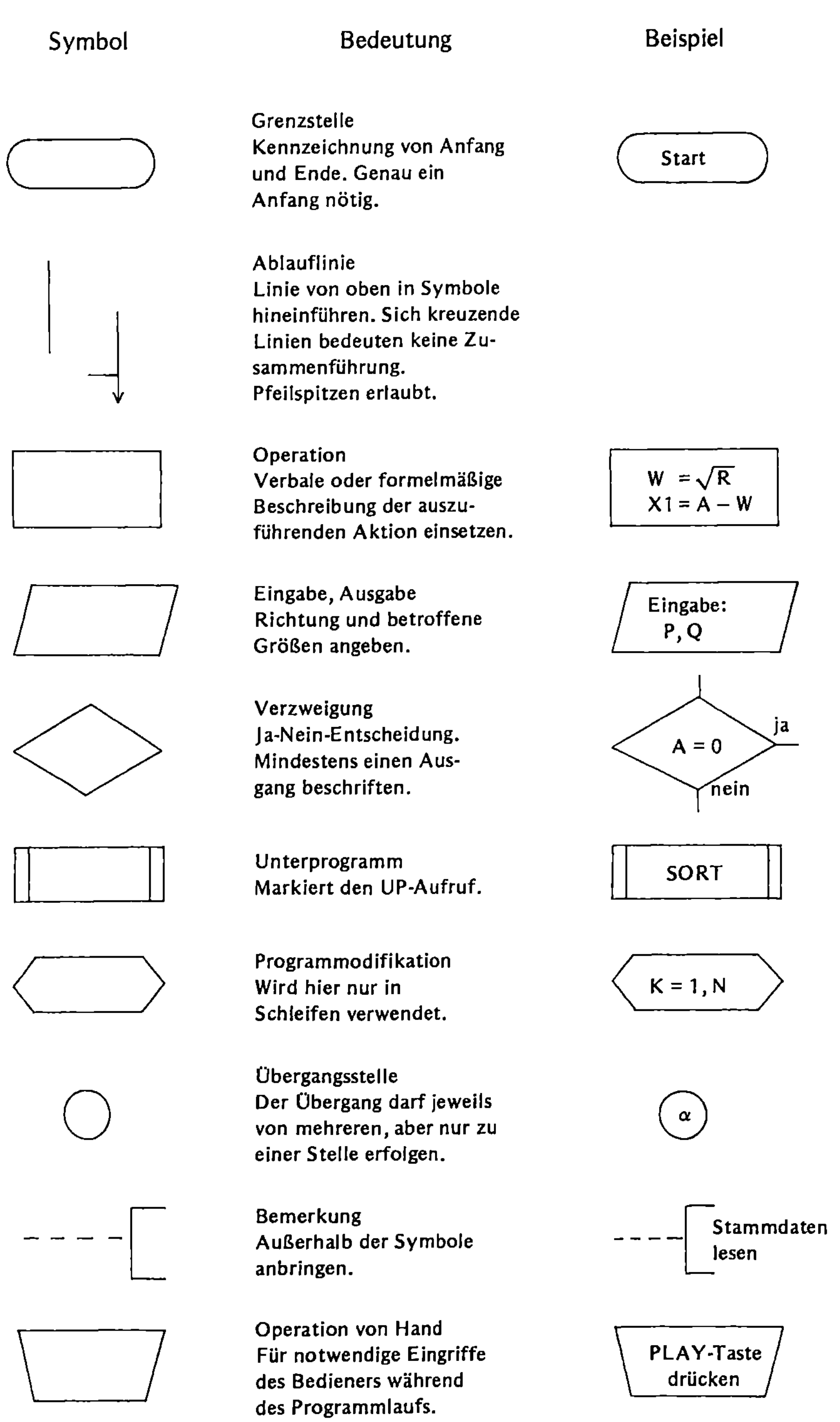

Bild 1.1 Ablaufplansymbole nach DIN 66001

Den Bruch $\dfrac{-p}{2}$ berechnen, weil er mehrfach auftritt.

$\sqrt{\left(\dfrac{-p}{2}\right)^2 - q}$ berechnen.

x_1 und x_2 berechnen.
Die Ergebnisse „ausgeben".

1.1 Ablaufplan

Die Darstellung des Lösungsweges erfolgt gewöhnlich unter Verwendung genormter Symbole (s. Bild 1.1) als **Programmablaufplan**. Der Plan für den obigen, verbalen Ablauf ist in Bild 1.2, Version a dargestellt. Um Mißverständnissen vorzubeugen, sei darauf hingewiesen, daß die Zeile

$$A = -P/2$$

nicht als mathematische Gleichung gemeint ist. Sie bedeutet vielmehr, daß die auf dem Speicherplatz P stehende Zahl durch 2 geteilt, das Vorzeichen geändert und das Ergebnis auf dem Platz A gespeichert werden soll. Entsprechend sind die anderen Zeilen des Rechteckes zu verstehen.

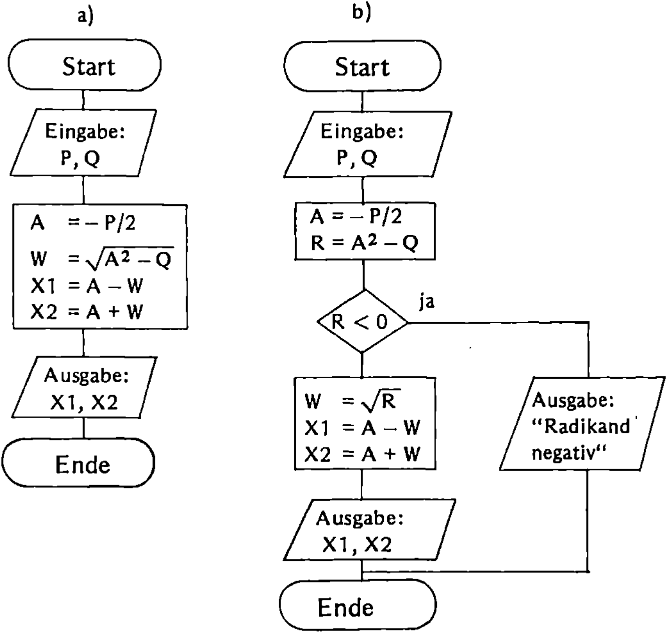

Bild 1.2 Lösung der quadratischen Gleichung

Wenn mit dem angesprochenen Ablauf auch die Lösungen quadratischer Gleichungen ermittelt werden können, enthält der Plan noch eine Schwachstelle. Geben Sie beispielsweise für P und Q jeweils eine 2 ein, ergibt sich A^2 als 1, und es wird versucht, die Wurzel aus -1 zu ziehen. Ihr Rechner weiß, daß das im Bereich der reellen Zahlen nicht geht, und bleibt mit einer entsprechenden Fehlermeldung stehen.

Derartige Situationen sollten beim Entwurf des Ablaufplans erkannt und durch geeignete Maßnahmen verhindert werden. Wir dürfen nicht sofort die Wurzel, sondern zunächst nur den Radikanden berechnen lassen. Wenn dieser negativ ist, lassen wir die Meldung "Radikand negativ" ausgeben, damit der Benutzer erkennt, warum das Programm keine Zahlen auswirft. Im anderen Fall wird der normale Rechengang fortgesetzt. Den so modifizierten Ablaufplan zeigt Bild 1.2, Version b.

Solange Sie sich auf dem Gebiet der Programmierung noch als Anfänger fühlen, sollten Sie Ablaufpläne in der hier vorgestellten Ausführlichkeit zeichnen. Ein solcher Plan erleichtert Ihnen die Suche nach Fehlern in der Programmlogik. Als Konvention ist einzuhalten, daß die Ablauflinie beim Start-Symbol beginnt, nur von oben in die anderen Symbole hineingeführt und nur nach unten — bei der Abfrage auch seitlich — herausgeführt wird. Stehen in einem Rechteck mehrere Zeilen, sollen sie der Reihe nach von oben nach unten ausgeführt werden.

1.2 BASIC-Programm

Mit der Erstellung des detaillierten Ablaufplans ist der konstruktive Teil der Programmentwicklung erledigt. Die heutigen Rechner sind jedoch noch nicht in der Lage, diesen Plan unmittelbar abzuarbeiten. Sie verstehen nur Programmiersprachen. Bei Ihrem Rechner ist das cbm-BASIC, eine Erweiterung des Dartmouth-BASIC (Beginners All-purpose Symbolic Instruction Code). Deshalb müssen Sie den im Plan festgelegten Sachverhalt in eine gleichwertige Folge von BASIC-Anweisungen übersetzen („codieren").

Für den Plan aus Bild 1.2, Version b, ergäbe sich folgendes **Programm**:

```
1ØINPUT "P,Q";P,Q
2ØA = - P/2: R = A↑2 - Q
3ØIF R < Ø THEN PRINT "RADIKAND NEGATIV": GOTO 6Ø
4ØW = SQR (R): X1 = A - W: X2 = A + W
5ØPRINT X1, X2
6ØEND
```

Dieses Programm kann dann von Ihrem Rechner interpretiert und ausgeführt werden.

1.3 Programmtest

Nur in Ausnahmefällen ist ein neues Programm fehlerfrei. Dagegen ist keineswegs ungewöhnlich, daß schon im Ablaufplan logische Fehler stecken, und formale Fehler treten fast immer auf. Diese Verstöße gegen die BASIC-Sprachregeln werden bei der Programmausführung (vom Interpreter) entdeckt und mit einer entsprechenden Meldung angezeigt. Der Benutzer kann die Fehler beheben und neu starten.

Logische Fehler zu erkennen ist allein dem Menschen vorbehalten. Aber auch dabei, insbesondere bei der Lokalisierung der Fehler, kann der Rechner helfen. Besonders beachtenswert ist die Möglichkeit, ein Programm an beliebiger Stelle unterbrechen zu können. Man kann sich Zwischenergebnisse anzeigen lassen und ggf. ändern und danach die Ausführung fortsetzen.

In jedem Fall ist durch eine Reihe geeigneter Testläufe nachzuweisen, daß ein Programm die gestellten Anforderungen auch tatsächlich erfüllt. Beachten Sie, daß *ein* Lauf mit negativem Ausgang für einen Fehlernachweis ausreicht, während selbst durch viele korrekte Durchläufe nur die Wahrscheinlichkeit für das Vorliegen von Fehlern reduziert wird. Überlegen Sie sich jeweils, wie Sie mit wenig Aufwand an Testläufen ein Maximum an Sicherheit erzielen.

2 Handhabung des Rechners

In diesem Kapitel sollen Sie lernen, mit dem Gerät umzugehen, und einen Überblick über die wichtigsten Spezialtasten bekommen. Das Kapitel gliedert sich in einen Übungsteil und einen Textteil. An den nachfolgenden Aufgaben können Sie dann prüfen, wie weit Sie sich den gebotenen Stoff tatsächlich erarbeitet haben. In dieser Form sind auch die weiteren Kapitel aufgebaut.

Bei den Experimenten zu Beginn der Kapitel sollten Sie in der Regel die Reaktion des Rechners notieren. Streuen Sie keine eigenen Versuche ein, weil dadurch die Reaktion beeinflußt und Verweise vom Textteil auf die vorangegangenen Übungen für Sie unverständlich werden könnten.

Zumindest bei Ihren ersten Versuchen sollten Sie die vorgeschriebenen Anweisungen sehr genau lesen. Da fast alle Tasten doppelt belegt sind, müssen Sie jeweils entscheiden, ob, wie z.B. bei der Taste INST/DEL, die Hauptfunktion (DEL, ohne SHIFT-Taste) oder die Nebenfunktion (INST, mit SHIFT-Taste) verlangt ist.

Wenn man mit dem cbm-Rechner wirklich vertraut ist, zahlt sich das schon bei den vorgesehenen Übungen aus. Auch bei der Fehlerbeseitigung profitiert man davon. Daher muß dem Leser geraten werden, so oft wie möglich am Gerät zu arbeiten, alle vorgesehenen Experimente durchzuführen, möglichst viele Aufgaben zu lösen und, soweit Programme gefordert sind, diese auch tatsächlich auszuprobieren.

Ihr cbm-Rechner ist in der Lage, Buchstaben wahlweise groß oder klein zu schreiben. Sollte er auf Kleinschreibung eingestellt sein, können Sie ihn so belassen. Er wird die in diesem Buch mit großen Buchstaben geschriebenen Anweisungen dennoch verstehen. Falls Sie aber die Großschreibung bevorzugen, dürfen Sie dazu nicht die SHIFT-Taste verwenden. Vielmehr müssen Sie die Darstellungsart in folgender Weise festlegen.

> Große Buchstaben werden angezeigt nach POKE 59468,12 und RETURN-Taste.
> Kleine Buchstaben hingegen nach POKE 59468,14 und RETURN-Taste.

Eine solche Vereinbarung bleibt solange gültig, bis sie durch das jeweils andere POKE-Kommando revidiert wird.

a) Beginnen Sie nun die Experimente, und schalten Sie das Gerät mit dem Kippschalter hinten links ein. Der Rechner wird mit der Meldung

```
### COMMODORE BASIC 4,0 ###
31743 BYTES FREE   (Zahl geräteabhängig)
READY
```

reagieren. Unter dem R von READY blinkt der Cursor, der die Stelle des Bildschirms zeigt, die als nächste beschrieben wird. Schreiben Sie, und beobachten Sie dabei den Cursor (Leerzeichen erzeugen Sie mit der großen Taste am unteren Rand der Tastatur):

> ? 2 + 3

Drücken Sie die RETURN-Taste.

b) Schreiben Sie

> ? 6 − 4

Wie reagiert der Rechner?
Drücken Sie die RETURN-Taste.

c) Schreiben Sie

> 31 + 5

Drücken Sie die RETURN-Taste. Beachten Sie die Unterschiede zu den vorausgegangenen Fällen.

d) Probieren Sie jetzt die Cursor-Steuertasten aus, die Sie mit der Aufschrift CRSR im rechten Teil der Tastatur finden. Betätigen Sie diese Tasten, halten Sie sie längere Zeit nieder, auch bei gedrückter SHIFT-Taste, und registrieren Sie die resultierende Cursor-Bewegung. Bringen Sie den Cursor auf die 3 in der Zeile „31 + 5". (Jetzt blinkt die 3.) Betätigen Sie einige Male die INST-Taste. Schreiben Sie

> ?

und drücken Sie die RETURN-Taste.

e) Setzen Sie jetzt den Cursor hinter den Punkt der vorhergehenden Zeile, und betätigen Sie die DEL-Taste, bis das Wort „READY" gelöscht ist. Schreiben Sie vor die 3 in der untersten Zeile ein Fragezeichen und hinter die 6

> + 5/4

Drücken Sie die RETURN-Taste.

f) Schreiben Sie jetzt

> 25 ? 5 + 4, 6 + 2, 4

Drücken Sie die RETURN-Taste. Notieren Sie Ihre Vermutung darüber, weshalb nicht gerechnet wird. Dann setzen Sie den Cursor auf das Fragezeichen in der letzten Zeile und drücken so lange die DEL-Taste, bis die vor dem Fragezeichen stehenden Ziffern gelöscht sind. Betätigen Sie die RETURN-Taste.

g) Löschen Sie jetzt die letzte Zeile (READY), setzen Sie vor die 9 ein Fragezeichen und drücken Sie die RETURN-Taste. Falls Ihr Rechner keine 9 zeigt, müssen Sie Punkt f) wiederholen (beachten Sie die Kommas!).

h) Bewegen Sie den Cursor um 3 bis 5 Zeilen nach unten und beobachten Sie dabei den Bildschirm. Danach führen Sie den Cursor auf das R in der untersten Zeile und schreiben

> ? 6.25/.25

Bewegen Sie jetzt den Cursor eine Zeile nach unten, und betätigen Sie die RETURN-Taste. Setzen Sie dann den Cursor auf den Schrägstrich, und betätigen Sie die RETURN-Taste erneut.

2.1 Ein- und Ausschalten

Nun wollen wir erörtern, was Sie bei den vorstehenden Experimenten kennengelernt haben. Das Ein- und Ausschalten des Gerätes erfolgt mit dem Kippschalter auf der Rückseite links. Nach dem Einschalten wird der nutzbare Speicherbereich angezeigt. Diese Angabe sollte bei Ihrem Rechner stets gleich sein, andernfalls wiederholen Sie das Einschalten. Bleibt die Anzeige falsch, versuchen Sie, mit Hilfe des Bedienungshandbuches die Störung zu beheben, oder wenden sich in schwerwiegenden Fällen an den Wartungsdienst.

Normalerweise wird sich Ihr Rechner als arbeitswillig erweisen, was er Ihnen durch das Wort READY anzeigt. Nehmen Sie sein Angebot an und sagen Sie ihm, was er tun soll. Abgesehen von einigen Spezialtasten, führt das Betätigen einer Taste zu der Anzeige des entsprechenden Zeichens auf dem Bildschirm. Der **Cursor**, ein blinkendes Quadrat, zeigt jeweils an, wohin das nächste Zeichen gesetzt wird. Nach dem Schreiben rückt er eine Stelle weiter. War die Zeile voll, springt er an den Anfang der nächsten Zeile. Falls der Cursor schon am unteren Bildschirmrand stand, wird zuvor der ganze Schirminhalt um eine Zeile angehoben, so daß die oberste Zeile verlorengeht.

2.2 Spezialtasten

Durch die **Cursor-Steuertasten** können Sie den Cursor nach links, rechts, oben, unten oder in die linke obere Ecke bewegen. Schon hier sei erwähnt, daß Sie diese Bewegungen auch programmieren können (s. Kap. 5). Die Tasten werden dann nicht bei ihrer Betätigung wirksam, sondern erst während der Ausführung des Programms, in das sie eingefügt wurden.

Die Steuerungsmöglichkeiten des Cursors erweisen sich als sehr nützlich, wenn Teile einer auf dem Bildschirm stehenden Zeile gelöscht oder geändert werden sollen. Um ein **Zeichen zu ersetzen**, genügt es, den Cursor auf die fragliche Position zu bewegen und das neue Zeichen zu schreiben. So haben wir in der Übung h) das Wort READY bei R beginnend Zeichen für Zeichen durch einen Rechenausdruck überschrieben.

In Übung e) haben Sie gesehen, wie man ein **Zeichen löschen** kann: Der Cursor wird *hinter* das zu löschende Zeichen gesetzt und die DEL-Taste betätigt. Daraufhin verschwindet das vor dem Cursor stehende Zeichen. Der Cursor und der Rest der Zeile rücken eine Stelle nach links. Sollen mehrere benachbarte Zeichen gelöscht werden, sollte man von rechts her vorgehen, weil der Cursor dann nur einmal positioniert werden muß.

Wollen Sie **Zeichen einfügen**, wie das Fragezeichen in Übung d), muß dafür zunächst Platz geschaffen werden. Dazu wird der Cursor auf die Stelle gebracht, *vor* die der Einschub gesetzt werden soll. Jedes Drücken der INST-Taste rückt den mit der Cursor-Position beginnenden Rest der Zeile um eine Stelle nach rechts. Der Cursor bleibt am Anfang der Lücke stehen. Ist diese groß genug, kann die vorgesehene Ergänzung geschrieben werden.

Wenn der Cursor in einer soeben mit INST geschaffenen Lücke steht, können Sie ihn nicht mit den Steuertasten bewegen. Diese Tasten werden gespeichert, was Ihnen durch besondere Symbole angezeigt wird. Nur die DEL-Taste wirkt normal. Sollen die Steuertasten wieder normal funktionieren, muß die ESC-Taste gedrückt werden.

Alle Spezialtasten sind als **Dauerfunktionstasten** ausgelegt, d.h. wenn man eine dieser Tasten längere Zeit niederdrückt, tritt deren vorstehend genannte Wirkung mehrfach ein. Alle anderen Tasten können Sie vorübergehend auf Dauerfunktion umschalten, wenn Sie sie zusammen mit der REPEAT-Taste niederhalten.

2.3 Aufbau von Zeilen

Abgesehen von der Cursor-Bewegung bzw. der Zeichenanzeige auf dem Bildschirm, hat die Betätigung von Tasten keine erkennbare Rechnerreaktion hervorgerufen. Eine Ausnahme bildet die RETURN-Taste. Beachten Sie, daß alle Berechnungen erst nach Betätigung dieser Taste durchgeführt wurden. Bis dahin standen die eingegebenen Zeichen nur im Bildschirmspeicher. Über diesen besonderen Speicherbereich können Sie insofern frei verfügen, als Sie beliebige Zeichen in beliebiger Reihenfolge auf beliebige seiner Plätze setzen können. Da stets alle dort gespeicherten Zeichen angezeigt werden, sehen Sie jederzeit den genauen Speicherinhalt. Durch Betätigung der RETURN-Taste wählen Sie aus diesem Speicherbereich jene Zeile aus, in der der Cursor steht, und übergeben sie dem Rechner zur Bearbeitung. Falls diese Zeile mit einer Zahl beginnt (s. Übungen c) und f)), gelten die Zahl als **Zeilennummer** und die Zeile als **Programmzeile.** Sie wird im Programmspeicher abgelegt und zum jetzigen Zeitpunkt nicht ausgeführt.

> Die Zahlen von Ø bis 63999 sind als Zeilennummern zugelassen.

Zeilen, die nicht mit einer Zahl beginnen, werden nach Betätigung der RETURN-Taste sofort interpretiert und ausgeführt.

2.4 Ergebnisdarstellung

In allen Fällen, bei denen nach Eingabe der RETURN-Taste ein Ergebnis angezeigt wurde, begann die übergebene Zeile mit einem Fragezeichen. Dieses sagt dem Rechner, daß er auf den Bildschirm ausgeben soll. Das gleiche Ergebnis wie in Übung a) hätten wir auch mit der Zeile

    PRINT 2 + 3

erreicht. Wegen des geringeren Schreibaufwandes wird jedoch allgemein das Fragezeichen bevorzugt.

> PRINT ist das BASIC-Kennwort für Ausgabe.
> Bei der Ausgabe auf den Bildschirm darf statt PRINT ein Fragezeichen geschrieben werden.

Bei Programmzeilen verschwindet auch dieser optische Unterschied. Wenn Sie sich eine programmierte Ausgabeanweisung erneut auf dem Bildschirm zeigen lassen (s. Kap. 4), wird stets das Wort PRINT geschrieben.

> Hinter dem Fragezeichen bzw. hinter PRINT dürfen mehrere durch Komma oder Semikolon getrennte Ausdrücke stehen.

Wenn mehrere Ausdrücke aufgeführt sind, wie in Übung f), erscheinen die Ergebnisse nebeneinander. Zu erklären, wie das im einzelnen geregelt wird, führt hier zu weit. Wir werden in Kapitel 5 näher darauf eingehen.

2.5 Aufgaben

2-1   Welche Bedeutung hat der Cursor?

2-2   Was bewirkt die RETURN-Taste?

2-3   Wie kann das Wort FLY, ohne die Buchstaben F, L oder Y erneut zu schreiben, in FLOPPY umgewandelt werden?

2-4   Wie wird durch Ergänzung der Buchstaben B und R sowie mit den verschiedenen Spezialtasten das linksbündig geschriebene Wort UNSINN zu RUBIN?

2-5   Wie reagiert der Rechner auf Zeilen, die mit einer Ziffer beginnen?

3 cbm-Arithmetik

In diesem Kapitel soll die Arithmetik Ihres Rechners erörtert werden. Damit Sie sich bei den nachstehenden Übungen auf diesen Problemkreis konzentrieren können, sollten Sie kurz rekapitulieren, was über den Cursor, die Cursorsteuerung und insbesondere die Korrektur von Tippfehlern gesagt wurde. Wenn Sie sich fit fühlen, schalten Sie den Rechner ein und beginnen.

a) Schreiben Sie

     ? (22 − 29)*3/2

und beenden die Zeile mit der RETURN-Taste.

b) Schreiben Sie

     A = (22 − 29)*3/2
     ? A

wieder jeweils gefolgt von der RETURN-Taste.

Ist Ihnen die Wirkung der RETURN-Taste klar? Wenn nicht, sehen Sie sich den betreffenden Abschnitt des vorigen Kapitels gleich noch einmal an.

Auch die weiteren Beispiele sollen Sie, genau wie vorgeschrieben, Zeile für Zeile an den Rechner übergeben, und dazu müssen Sie ja jede Zeile mit der RETURN-Taste abschließen. Da Sie diese Notwendigkeit inzwischen kennen, wird von nun an nicht mehr auf das Betätigen dieser Taste hingewiesen.

c) Schreiben Sie jetzt

     B = 2↑3
     C = B − A/2
     ? A, B, C

Die mittlere Zahl, die 8, ist das Ergebnis von 2↑3. Vielleicht haben Sie es erraten: gerechnet wurde $2^3 = 2*2*2 = 8$.

d) Vergewissern Sie sich, daß die Zahlen noch gespeichert sind:

     ? A, B, C

Schreiben Sie jetzt

     3∅ ? A, B, C

Wissen Sie noch, warum diese Zeile nichts bewirkt? Sie wird als Programmzeile angesehen und im Programmspeicher abgelegt. Nun soll das gespeicherte Programm (hier: eine Zeile) ausgeführt werden. Dafür schreibt man das Kommando

 RUN

Falls wiederum nichts passiert, haben Sie die RETURN-Taste nicht betätigt. Tun Sie es! Zum Vergleich geben Sie jetzt noch einmal folgende Zeile ein:

 ? A, B, C

Registrieren Sie die Unterschiede in Ihren Anweisungen und in der Reaktion des Rechners, bevor Sie das nächste Experiment beginnen.

e) Löschen Sie mit der CLR-Taste den Bildschirm. (Der Cursor blinkt links oben.) Schreiben Sie

 2∅ A = 7: B = 9
 ? A, B

Jetzt geben Sie das Kommando

 RUN

Dieses Ergebnis wollen wir kurz erläutern. Sie haben mit dem Kommando RUN folgendes Programm ausgeführt:

 2∅ A = 7: B = 9
 3∅ ? A, B, C

Die Zeile mit der Nummer 3∅ stand nämlich noch im Programmspeicher, auf den sich das Löschen des Bildschirms nicht ausgewirkt hat. Ausgegeben wurden daher die in Zeile 2∅ gesetzten Werte und für C der Wert ∅.

f) Geben Sie nun folgende Zeilen ein:

 5∅ ? A, E, Z
 1∅ A = 1.1
 3∅ E = 6 − A↑2
 2∅ A = 2.2
 4∅ Z = 5 E + 3
 RUN

Versuchen Sie kurz, die Ergebnisse zu deuten. Das wird Ihnen leichter fallen, wenn Sie sich das Programm anzeigen lassen. Schreiben Sie

 LIST

Abgesehen von der Ungenauigkeit bei der Berechnung von E ist das Ergebnis wohl plausibel.

g) Jetzt wollen wir das Programm löschen:

 NEW

Wer mißtrauisch ist, mag den Erfolg mit LIST bzw. RUN kontrollieren.

3.1 Zahlen

Lassen Sie uns nun die Schreibregeln für Zahlen zusammenstellen.

> Eine **Zahl** wird als Folge von Dezimalziffern, ggf. mit einem Vorzeichen, geschrieben. Zahlen ohne Vorzeichen sind positiv.
>
> Zur Abgrenzung des gebrochenen vom ganzen Teil der Zahl dient der Dezimalpunkt!
>
> Hinter die Ziffernfolge dürfen der Buchstabe E und ein ganzzahliger Zehnerexponent gesetzt werden.

Beispiele:

$$-6\emptyset5 \quad | \quad 47.11 \quad | \quad \emptyset\emptyset7 \quad | \quad +7\emptyset\emptyset E-2 \quad | \quad 7.$$

Beispiele gleichwertiger Zahlen:

$$\emptyset.5 \quad | \quad +\emptyset.5 \quad | \quad .5 \quad | \quad 5\emptyset\emptyset E-3 \quad | \quad .\emptyset\emptyset5E2 \quad | \quad +.\emptyset5E+\emptyset1 \qquad \bullet$$

Es soll noch einmal betont werden, daß anstelle des bei uns üblichen Dezimalkommas in BASIC der Dezimalpunkt zu schreiben ist. Ungewöhnlich ist für manchen Leser wohl auch die halblogarithmische Zahldarstellung. Diese dient besonders bei Zahlen mit sehr großem oder sehr kleinem Betrag als abkürzende Schreibweise.

Wer sich bei Übung f) darüber gewundert hat, daß Z den Wert $5\emptyset\emptyset\emptyset$ trug, hat inzwischen wohl die Erklärung gefunden: $5E+3$ heißt $5 \cdot 1\emptyset^3$ und nicht „5 mal E plus 3".

3.2 Variablen

Größen wie A und B heißen in BASIC Variablen.

> Jeder **Variablen** wird automatisch ein Speicherplatz zugeordnet.
>
> Auf dem Platz einer Variablen steht zu jeder Zeit genau eine Zahl, der Variablenwert, der durch geeignete Anweisungen verändert werden kann.
>
> Eine Variable wird über ihren Namen angesprochen.

Zu unterscheiden ist jeweils zwischen dem Variablennamen und dem Variablenwert. Den Namen dürfen Sie als Adresse eines Speicherplatzes ansehen, während der Inhalt dieses Platzes den Wert bildet. Zwei Variablen X und Y sind also nicht von vornherein verschieden. Sie belegen zwar jede einen eigenen Platz, aber die Werte können gleich sein.

Wir müssen nun lernen, welche Variablennamen erlaubt sind.

> **Variablennamen** sind 1- oder 2-stellig. Das erste Zeichen muß ein Buchstabe, das zweite darf ein Buchstabe oder eine Ziffer sein.
>
> DS, FN, IF, ON, OR, ST, TI, TO
>
> dürfen nicht als Namen gewöhnlicher Variablen benutzt werden.

Beispiele zulässiger Namen sind

$$\text{RO} \quad | \quad \text{K} \quad | \quad \text{V2} \qquad \bullet$$

Es soll erwähnt werden, daß Ihr Rechner oft längere Namen zuläßt, z.B. ROSE oder ROST.
Zur Identifizierung nutzt er aber nur die ersten beiden Zeichen, so daß RO, ROSE oder
ROST demselben Speicherplatz zugeordnet sind. Wer diese Eigenart nicht ständig bedenkt,
wird sich bei Verwendung längerer Namen manchen unnötigen Programmfehler einhandeln.
Längere Namen werden zurückgewiesen, wenn sie ein BASIC-Wortsymbol enthalten (z.B.
TO in OTTO). Das geschieht aber erst bei der Programmausführung, so daß Sie bei häufiger
Verwendung eines solchen Namens viel Zeit für die Korrektur verschenken. Daher wird
dringend geraten, für gewöhnliche Variablen höchstens 2 stellige Namen zu verwenden.
TO ist als Variablenname verboten, weil es Bestandteil der Schleifenanweisung ist (s. Kap.11).
TI und ST sind Systemvariablen, die Sie zwar benutzen, aber nicht verändern dürfen. TI enthält die Zeit in sechzigstel Sekunden. Diese läuft vom Einschalten des Rechners bzw. von
der letzten Wertzuweisung TI$ = ''hhmmss'', z.B. TI$ = ''085500'' (s. Abschnitte 3.5 und
5.1). ST wird bei jeder Datenübertragung zwischen dem Rechner und einem Peripheriegerät
vom Rechner gesetzt. Das bietet die grundsätzliche Möglichkeit, über den Wert von ST auf
die Ursache eventueller Störungen zu schließen.

3.3 Arithmetische Operatoren

Die Übungen dieses Kapitels haben gezeigt, daß Ihr Rechner addieren (+), subtrahieren (−),
multiplizieren (*), dividieren (/) und potenzieren (↑) kann. Im Gegensatz zur gebräuchli-
chen Formelschreibweise müssen Sie in BASIC das Symbol für die gewünschte Rechenart
stets schreiben. Bei der Multiplikation wird das von Anfängern gern vergessen, zumal wir ja
gewohnt sind, den Term

   2ab

einer algebraischen Formel als Produkt „2 mal a mal b" zu verstehen. In BASIC muß es aber

   2*A*B

heißen.

Oft führt ein vergessener Stern zu einem Verstoß gegen die BASIC-Regeln (z.B. 2AB oder
2A*B), so daß der Rechner Ihnen die Nummer der fehlerhaften Zeile angeben kann. Mehr
Kopfzerbrechen werden Ihnen die Fälle bereiten, bei denen die BASIC-Anweisung inhaltlich falsch, aber formal richtig ist. Wenn Sie für das obige Produkt 2*AB codieren, heißt das
Multiplikation mit dem Wert der Variablen AB. Da jeder Variablen beim ersten Auftreten
ein Speicherplatz zugeordnet wird, ist ein Speicherplatzinhalt selbst dann vorhanden, wenn
Sie den Variablenwert noch nicht definiert haben.

Für den Fall, daß ein Operand wie die Zahl 7 in dem Ausdruck

   23-7/4

zwischen zwei Operationszeichen steht, muß geregelt sein, in welcher Reihenfolge diese
Operatoren abgearbeitet werden. Dazu wurde die bekannte Regel „Punktrechnung geht vor
Strichrechnung" in BASIC übertragen und der Potenzierung ein noch höherer Rang einge-
räumt. Soll von der hieraus resultierenden Reihenfolge bei der Berechnung eines Ausdrucks
abgegangen werden, müssen Paare runder Klammern gesetzt werden. Damit ergibt sich folgende **Rangordnung:**

Rang	Symbol	Bedeutung
0	( )	Klammern
1	↑	Potenzierung
2	* und /	Multiplikation und Division
3	+ und −	Addition und Subtraktion

Falls ein Operand zwischen zwei Operatoren gleicher Rangstufe steht, wird der vordere der beiden zuerst wirksam.

3.4 Arithmetischer Ausdruck

Wenn man Zahlen oder Variablen durch arithmetische Operatoren verknüpft, erhält man einen arithmetischen Ausdruck.

Beispiele:

Algebra	BASIC
$a + b$	A + B
$(b - 7{,}5)c$	(B − 7.5)*C
$\frac{2}{3}(x + 2y)$	2/3*(X + 2*Y)
$\dfrac{a}{bc}$	A/(B*C)
$\dfrac{a}{b}c$	A/B*C
$2{,}5[3(x - 7{,}1) + b]$	2.5*(3*(X − 7.1) + B)
$\dfrac{a + b}{c + d}$	(A + B)/(C + D)
$a^5 + 3bx$	A↑5 + 3*B*X
$k^{5 + n}$	K↑(5 + N)

Als weiterer Bestandteil dürfen in arithmetischen Ausdrücken noch Funktionen (s. Kap. 12) auftreten. Diese repräsentieren jeweils eine Zahl, den Funktionswert. Zu beachten ist, daß das Argument der Funktion stets eingeklammert werden muß.

Beispiele:

Algebra	BASIC
$\sqrt{x}$	SQR (X)
$\dfrac{1}{a} + \sqrt{b}$	1/A + SQR (B)
$\sqrt{2{,}5y} + t$	SQR (2.5*Y) + T
$\sqrt{\dfrac{3n - 1}{a + b}}$	SQR ((3*N − 1)/(A + B))
$\dfrac{x - y}{3\sqrt{2(U + 2)}}$	(X − Y)/(3*SQR (2*(U + 2)))

Die Regeln für die Bildung arithmetischer Ausdrücke wollen wir noch einmal zusammenfassen:

> Ein **arithmetischer Ausdruck** enthält als Operanden Zahlen, Variablen oder Funktionen.
> Wenn 2 oder mehr Operanden auftreten, müssen sie durch arithmetische Operatoren verknüpft werden.
> Die Berechnungsreihenfolge ist grundsätzlich durch die Rangordnung der Operatoren bestimmt.
> Die Berechnungsreihenfolge kann über Paare runder Klammern gesteuert werden.
> Es dürfen überflüssige runde Klammernpaare gesetzt werden.

3.5 Wertzuweisung

Besondere Aufmerksamkeit verdienen die Zeilen, in denen ein Gleichheitszeichen steht, wie z. B.

A = (22 − 29)*3/2

Diese Zeile bewirkt folgende Aktionen:

Subtrahiere 29 von 22.   (Ergebnis ist   − 7)
Multipliziere − 7 mit 3.   (Ergebnis ist   − 21)
Dividiere − 21 durch 2.   (Ergebnis ist − 1∅.5)
Speichere − 1∅.5 auf dem Platz A.

Sehen wir uns ein anderes Beispiel an. Die Zeile

K = K + 1

wird so verstanden:

Hole die auf dem Platz K stehende Zahl.
Addiere 1 hinzu.
Speichere das Ergebnis auf dem Platz K.

Bei diesem Speichervorgang wird der alte Wert von K zerstört, so daß mit der Anweisung K = K + 1 die auf dem Platz K stehende Zahl um 1 erhöht wird. Hier zeigt sich deutlich der Unterschied zu mathematischen Gleichungen. Als Gleichung aufgefaßt wäre K = K + 1 unsinnig; denn nach Subtraktion von K ergibt sich der Widerspruch 0 = 1.

In BASIC bedeuten die hier erörterten Zeilen Wertzuweisungen. Sie bewirken, daß der Wert eines arithmetischen Ausdrucks berechnet und gespeichert wird. *Wohin* gespeichert werden soll, wird durch Angabe einer Speicherplatzbezeichnung vor dem Gleichheitszeichen festgelegt, während hinter dem Gleichheitszeichen steht, wie die fragliche Zahl zu ermitteln ist.

Ein arithmetischer Ausdruck liefert nach seiner Auswertung eine Zahl. Wenn diese für eine spätere Verwendung gespeichert werden soll, müssen Sie eine Wertzuweisung codieren.

> Die allgemeine Form der **Wertzuweisung** ist
> Variable = arithmetischer Ausdruck.

Wie oben bereits erläutert, bewirkt diese Anweisung, daß der Wert des rechts stehenden Ausdrucks ermittelt und auf den Platz der links stehenden Variablen gespeichert wird.

Daraus folgt beispielsweise,

X = U und U = X sind in BASIC nicht gleichwertig.

Nach X = 1: U = 2: X = U haben beide Variablen den Wert 2.
Nach X = 1: U = 2: U = X haben beide Variablen den Wert 1.

Beispiel: Eine auf dem Platz X stehende Zahl, z.B. ein Preis in DM, soll auf die zweite Nachkommastelle gerundet werden.

Bei derartigen Rundungsproblemen greift man auf die Funktion INT zurück (s. Kap. 12), mit der der ganzzahlige Teil einer Zahl ermittelt wird. INT (4.1) ergibt 4, aber INT (4.99) ebenfalls. Übliche Rundungskonvention hingegen ist, ab einschließlich $\emptyset.5$ aufzurunden. Um dafür INT einsetzen zu können, muß für eine Rundung das Argument vorher um $\emptyset.5$ erhöht werden. INT (4.99 + $\emptyset.5$) ergibt genauso wie INT (4.5 + $\emptyset.5$) und INT (5.49 + $\emptyset.5$) eine 5. In unserem Beispiel muß vor und nach dem Abschneiden des gebrochenen Teils noch um 2 Dezimalstellen verschoben werden. Daher lösen wir unser Problem mit der Wertzuweisung

X = $\emptyset.\emptyset1$*INT($1\emptyset\emptyset$*X + $\emptyset.5$)   ●

3.6 Integer-Variablen

Für Leser, die nur gelegentlich programmieren wollen oder wenig Programmiererfahrung haben, ist der in diesem Abschnitt dargestellte Stoff entbehrlich. Sie sollten diesen Abschnitt übergehen. Wir haben ihn nur aufgenommen, um denen, die besonders große und besonders komplizierte Programme erstellen, weitergehende Möglichkeiten des cbm-BASIC aufzuzeigen.

Für numerische Probleme steht ein zweiter Variablentyp zur Verfügung: Integer.

Namen von **Integer-Variablen** bestehen aus dem Namen einer gewöhnlichen Variablen, dem das Prozentzeichen angefügt ist.

Beispiele zulässiger Integer-Namen sind

A % | B1 % | HH %   ●

Zwischen einer Integervariablen und der gewöhnlichen Variablen, die man nach Weglassen des Prozentzeichens erhält, besteht kein zwangsläufiger Zusammenhang. Beide dürfen im selben Programm auftreten.

Integer-Variablen sind nur zur Speicherung ganzer Zahlen geeignet, wofür intern 16 Bit belegt werden. Das erste Bit enthält das Vorzeichen. Der Betrag der Zahlen ist begrenzt auf $2^{15} - 1 = 32767$.

Neben der Verwendung in arithmetischen Ausdrücken dürfen Integer-Variablen auch mit den logischen Operatoren NOT, AND und OR verknüpft werden, die dann bitweise wirken. Eine weitergehende Erläuterung hierzu finden Sie in den cbm-Handbüchern.

3.7 Aufgaben

3-1 Welche Funktion hat das Fragezeichen? Ist sein Platz in der Eingabezeile für seine Funktion wesentlich?

3-2 Übertragen Sie den Ausdruck $a^2 + ab + b^2$ in BASIC und lassen Sie ihn für $a = 2$ und $b = 3$ berechnen.

3-3 Codieren Sie in BASIC: $\dfrac{x}{y \cdot z}$. Lassen Sie den Ausdruck zur Kontrolle für $x = 12{,}25$, $y = 3{,}5$ und $z = 3{,}5$ berechnen.

3-4 Lassen Sie $\dfrac{(x - y)^2}{x + z}$ berechnen und speichern. Zeigen Sie das Ergebnis auf dem Bildschirm an. Benutzen Sie die Zahlen aus Aufgabe 3-3.

3-5 Was ist eine Variable?
Wie werden Variablennamen geschrieben?

4 Programmaufbau und -ausführung

In diesem Kapitel wollen wir üben, mit Programmen umzugehen.

Zur Vermeidung von Irrtümern wird betont, daß in den nachstehenden Übungen — und das gilt auch für die weiteren Kapitel — jeweils nur aufgeführt ist, was Sie schreiben sollen. Auf dem Bildschirm werden weitere Zeilen erscheinen, die der Rechner von sich aus zeigt.

a) Schreiben Sie die folgenden Zeilen:

```
NEW
LIST
2ØA = 2
7Ø?A
6ØA = A + 1
A = 5
LIST
```

Beachten Sie die unterschiedliche Wirkung des LIST-Kommandos.

b) Lassen Sie das Programm ausführen, nachdem Sie den Wert von A überprüft haben. Schreiben Sie deshalb

```
?A
RUN
```

Wiederholen Sie das Ausführungskommando:

```
RUN
```

c) Das Programm kann auch anders gestartet werden. Schreiben Sie

```
GOTO 6Ø
```

Setzen Sie jetzt fort mit

```
A = 2Ø
GOTO 6Ø
```

Da das Programm zwischenzeitlich nicht verändert wurde, sind die unterschiedlichen Ergebnisse durch verschiedene Startwerte von A bedingt. Welche Startwerte wurden tatsächlich benutzt? Ist das Programm wirklich unverändert geblieben? Lassen Sie es zur Kontrolle anzeigen.

d) Nun wollen wir das bisher benutzte Programm verändern. Schreiben Sie

```
2ØA = 5: B = 3
8Ø?A, B
7ØB = B - 1
RUN
```

Starten Sie das Programm noch einmal mit

   GOTO7Ø

Die Deutung der Ergebnisse wird sicher erleichtert, wenn Sie das Programm vor Augen haben. Schreiben Sie deshalb

   LIST

e) Auch auf folgende Weise kann ein Programm gestartet werden:

   RUN 7Ø

Rekonstruieren Sie die benutzten Startwerte.

f) Schreiben Sie jetzt

   RUN
   LIST 6Ø

Bewegen Sie den Cursor auf das Plus-Zeichen, betätigen die Minus-Taste und dann die RETURN-Taste. Setzen Sie den Cursor unter READY und starten Sie das Programm erneut.

4.1 Programmbegriff

In Kapitel 1 haben wir den Begriff Programm inhaltlich erklärt als zeitliche Folge der Anweisungen, die ein vorgelegtes Problem lösen. Daneben steht der rein formale Programmbegriff Ihres Rechners. Wie Sie sich erinnern, werden Zeilen, die nicht mit einer Zahl beginnen, nach Betätigung der RETURN-Taste sofort ausgeführt. Die anderen hingegen werden gespeichert.

> Ein **Programm** ist die Gesamtheit der im Rechner gespeicherten, mit einer Zahl beginnenden Zeilen.

Es obliegt dem Programmierer, die beiden Programmbegriffe zur Deckung zu bringen.

Neben der erwähnten Kennzeichnung der Programmzeilen dient die Zeilennummer noch verschiedenen anderen Zwecken. Das Programm aus Übung a) hätten Sie auch in der Reihenfolge

   7Ø?A
   6ØA = A + 1
   2ØA = 2

eingeben können. Wenn Sie sich dann mit LIST das aktuelle Programm zeigen lassen, erhalten Sie wieder

   2ØA = 2
   6ØA = A + 1
   7Ø?A

Ausschlaggebend sind also die auftretenden Zeilennummern und nicht ihre Reihenfolge bei der Eingabe. Halten wir fest:

> Die Programmzeilen werden vom Rechner aufsteigend nach der Zeilennummer sortiert.

Diese Reihenfolge ist auch für die Programmausführung maßgebend, solange nicht mit speziellen Anweisungen in den Ablauf eingegriffen wird.

> Die Programmzeilen werden in aufsteigender Folge der Zeilennummern ausgeführt.

Mitunter ist es angebracht, mehrere Anweisungen in eine Zeile zu schreiben. Dabei ist zu beachten:

> Wenn in einer Zeile mehrere Anweisungen stehen, müssen sie durch einen Doppelpunkt getrennt werden.
>
> Stehen in einer Zeile mehrere Anweisungen, werden sie von links nach rechts abgearbeitet.

Dem Anfänger wird jedoch geraten, nur eine Anweisung pro Zeile zu schreiben. Außerdem sollte er sich angewöhnen, Zeilennummern nicht fortlaufend, sondern mit einer Schrittweite von mindestens $1\emptyset$ zu vergeben. Ist beides beachtet worden, wird es nämlich besonders einfach, in einem bestehenden Programm Anweisungen zu ergänzen, und das ist selbst nach längerer Programmiererfahrung oft erforderlich.

Neben den ausführbaren Anweisungen dürfen in ein Programm auch Bemerkungen eingefügt werden.

> **Bemerkungen** schreibt man in der Form
> REM beliebiger Text.

Beispiel: REM PROGRAMM XXX, LETZTE AENDERUNG YYY   ●

Formal werden Bemerkungen wie gewöhnliche Anweisungen behandelt. Der Unterschied zeigt sich erst während der Programmausführung. Wenn der BASIC-Interpreter das Befehlskennwort REM findet, ignoriert er den Rest der Zeile. Daher dürfen Sie Bemerkungen auch hinter ausführbare Anweisungen setzen, natürlich durch einen Doppelpunkt getrennt.

4.2 Programmkorrektur

Nehmen wir an, zwischen B = B – 1 und ?A, B in Übung d) soll die Anweisung ?A*B eingefügt werden. Dann gelingt das durch die Zeile

    75?A*B

Diese wird ja wegen der automatischen Sortierung zwischen die Zeilen mit den Nummern $7\emptyset$ und $8\emptyset$ eingeschoben. Merken wir uns:

> Eine **Anweisung** wird in ein Programm **eingefügt**, wenn man sie als Zeile mit einer geeigneten neuen Zeilennummer eingibt.

Lassen Sie uns nun verfolgen, was in Übung d) bei der Eingabe der Zeile

    $2\emptyset$A = 5: B = 3

in das Programm

    $2\emptyset$A = 2
    $6\emptyset$A = A + 1
    $7\emptyset$?A

passierte, das die Zeile 2∅ schon enthielt. Das LIST-Kommando zeigte uns die Wirkung:

    2∅A = 5: B = 3
    6∅A = A + 1
    usw.

Die alte Zeile 2∅ ist also durch die neue ersetzt worden. Diesen Vorgang nutzen wir für das Ändern von Anweisungen:

> Eine **Zeile** wird **geändert**, indem man ihre Zeilennummer und den vollständigen neuen Zeileninhalt eingibt.

Auf dem gleichen Prinzip basiert auch das Löschen einzelner Anweisungen. Wollen wir etwa die Zeile

    6∅A = A + 1

entfernen, überschreiben wir sie durch

    6∅   (RETURN-Taste nicht vergessen!)

> Eine **Zeile** wird **gelöscht** durch Eingabe der betreffenden Zeilennummer (und Betätigung der RETURN-Taste).
>
> Mit dem NEW-Kommando wird das ganze Programm gelöscht.

Das Ändern von Zeilen scheint auf den ersten Blick unbefriedigend, weil selbst bei Korrektur nur eines Zeichens die ganze Zeile eingegeben werden muß. Bei genauerer Betrachtung zeigt sich aber, daß nicht alle Zeichen der Zeile neu *geschrieben* werden müssen. Eingeben in den Rechner heißt doch, die RETURN-Taste zu drücken, wobei die Bildschirmzeile übergeben wird, in der der Cursor gerade blinkt. Es ist gleichgültig, wie diese Bildschirmzeile entstanden ist. Sie dürfen auch nach einem LIST-Kommando den Cursor in die zu ändernde Zeile bewegen. Dann nehmen Sie die notwendigen Änderungen vor, notfalls unter Einschluß der Tasten INST und DEL, und drücken die RETURN-Taste.

4.3 Anzeige von Programmzeilen

Das oben geschilderte Vorgehen bei der Korrektur von Anweisungen wird noch effektiver, wenn man jeweils nur einen Teil des Programms auflistet. In Übung f) haben Sie bereits gesehen, wie eine einzelne Zeile aus dem Programmspeicher auf den Bildschirm geholt wird. Daneben stehen aber weitere Varianten des LIST-Kommandos zur Verfügung, die nachstehend aufgeführt sind.

Kommando	Wirkung
LIST	führt zur Anzeige des ganzen Programms
LIST m − n	zeigt die Zeilen von Nummer m bis einschließlich Nummer n
LIST − n	zeigt die Zeilen von Nummer ∅ bis einschließlich n
LIST m −	zeigt die Zeilen von Nummer m bis einschließlich Nummer 63999
LIST k	zeigt die Zeile k

Wenn Sie einen Abschnitt Ihres Programms auflisten lassen, geschieht das gewöhnlich schneller, als Sie lesen können. Sie können das Tempo einer Bildschirmausgabe jedoch beeinflussen (cbm 8001):

Mit der Taste ⎡∗⎤ wird die Bildschirmausgabe angehalten.

Mit der Taste ⎡←⎤ wird eine gestoppte Bildschirmausgabe fortgesetzt.

Ständiges Niederhalten der Taste ⎡←⎤ führt zu langsamer Ausgabe.

4.4 Programmausführung

Die Ausführung eines Programms kann mit verschiedenen Kommandos veranlaßt werden. Im Normalfall ist das RUN, womit das Wort und nicht die RUN-Taste gemeint ist.

Nach RUN wird das Programm ausgeführt. Begonnen wird in der Zeile mit der kleinsten Zeilennummer.

Als Nebenwirkung des RUN-Kommandos ist zu notieren, daß zu Beginn der Ausführung alle numerischen Variablen den Wert 0 haben.

RUN löscht alle Variablen.

In der Testphase bringt es oft Vorteile, einen Lauf mitten im Programm zu beginnen und nicht bei der kleinsten Zeilennummer. Für diese Verlegung des Programmanfangs auf eine Zeile mit der Nummer n gibt es 2 Kommandos. Sie unterscheiden sich in ihrer Wirkung auf die Variablen. Diese können wahlweise gelöscht oder ihre aktuellen Werte beibehalten werden.

Nach GOTO n wird bei Zeilennummer n beginnend das Programm ausgeführt. Die Variablen behalten ihren aktuellen Wert.

Nach RUN n wird bei Zeilennummer n beginnend das Programm ausgeführt. Alle Variablen werden gelöscht.

Beispiele sehen Sie in den Übungen c) und e).

Ein weiteres Spezialkommando gestattet die Fortsetzung des Programms nach einer Unterbrechung.

Nach einer Unterbrechung wird mit CONT die Programmausführung fortgesetzt. Die Variablen behalten ihren aktuellen Wert.

Nach einer Fehlermeldung kann nicht mit CONT fortgesetzt werden.

Zwei Möglichkeiten zur Unterbrechung eines Programms durch einen Eingriff des Benutzers (der Erfolg wird durch READY angezeigt) wollen wir hier nennen.

Mit der STOP-Taste kann das Programm unterbrochen werden.

Wenn Eingabedaten erwartet werden, wird das Programm durch Eingabe einer leeren Bildschirmzeile unterbrochen.

Die Ausführung eines Programms kann auch durch einprogrammierte Anweisungen beendet werden.

> END beendet die Ausführung.
> STOP beendet die Ausführung unter Angabe der aktuellen Zeilennummer.

Gerade in der Testphase werden Sie hiervon gern Gebrauch machen.

> Sie können den aktuellen Stand einer Variablen, z.B. X, mit
> ?X
> anzeigen lassen.

Dadurch erhalten Sie Gelegenheit, den momentanen Stand des Programms zu kontrollieren, und können die Ausführung anschließend mit CONT fortsetzen.

Was ist aber zu tun, wenn Sie einen geringfügigen Fehler entdeckt haben und nach dessen Behebung den Programmlauf mit den aktuellen Variablenwerten fortsetzen wollen? Die sofortige Korrektur fehlerhafter Zeilen entfällt; denn bei jedem Eingriff in den Programmspeicher werden alle Variablen gelöscht. Hingegen dürfen Sie wie in Übung c) Variablenwerte setzen, d.h. fehlerhafte Zahlen korrigieren. Als Kommando für die Fortsetzung des Programmlaufs stehen Ihnen dann CONT oder GOTO mit geeigneter Zeilennummer n zur Verfügung.

4.5 Speicherbelegung

In Kapitel 2 wurde schon erwähnt, daß der Speicher Ihres Rechners verschiedene Bereiche enthält. In einem sind alle Bildschirmzeilen abgelegt, in einem anderen die Programmzeilen, und in einem dritten Bereich liegen die Variablen. Sie kennen bereits Kommandos und Spezialtasten (z.B. NEW, CLR), mit denen einzelne dieser Bereiche gelöscht werden. Daneben haben Sie in den obigen Übungen gesehen, daß der Variablenbereich auch durch das RUN-Kommando gelöscht wird, während die Variablen bei einem Programmstart mit einem GOTO-Kommando erhalten bleiben.

Auch für die Belegung der 3 genannten Speicherbereiche gibt es mehrere Varianten. Welche Eingabe- und Löschmöglichkeiten Ihnen zur Verfügung stehen, können Sie aus Bild 4.1 entnehmen.

4.6 Aufgaben

4-1 Wozu dient die STOP-Taste?

4-2 Geben Sie folgendes Programm ein:

```
1ØA = 4
2ØA = A*X
3Ø?A
```

Wie können Sie im voraus sicherstellen, daß keine weiteren Zeilen im Programmspeicher stehen?

Speicherbereich	Eingeben	Löschen
Bildschirm	— Betätigung von Tasten — LIST-Kommando — Ausgeführte PRINT- Anweisung	Alles: — CLR-Taste Ein Zeichen: — DEL-Taste

Programmtext	— Zeilenweise aus dem
	  Bildschirmbereich mit
	  Cursor und RETURN-
	  Taste
	— Ausgeführtes LOAD-
	  Kommando
		Alles:
		— NEW-Kommando
		Eine Zeile:
		— Zeilennummer und
		  RETURN-Taste

Variablen	— Automatische Platz-
	  reservierung für vor-
	  kommende Variablen
	— Inhalt durch Wertzu-
	  weisung oder Eingabe-
	  anweisung
		Alles:
		— CLR-Kommando
		  (auch programmierbar)
		— NEW-Kommando
		— RUN-Kommando
		— Eingabe von Programmtext

Bild 4.1: Speicherbelegung

Wie können Sie im nachhinein nachweisen, daß keine weiteren Programmzeilen gespeichert sind?

4-3 Starten Sie das Programm aus Aufgabe 4-2.
Warum wird die Zahl $\emptyset$ ausgegeben?

4-4 Wie können Sie ohne Programmänderung erreichen, daß das Programm aus Aufgabe 4-2 eine 1 ausgibt?

5 Ausgabe auf den Bildschirm

Wie wir schon aus Kapitel 2 wissen, werden die Ergebnisse eines Programmlaufs mit dem PRINT-Kommando auf dem Bildschirm angezeigt. Außerdem wissen wir, daß wir dieses Kennwort nicht ausschreiben müssen, sondern mit dem Fragezeichen abrufen können. In diesem Kapitel, besonders in den Experimenten, sollen Sie nun das Ausgabekommando näher kennenlernen.

a) Löschen Sie den Programmspeicher und schreiben Sie

    X = 31: ?"X"

Anschließend

    ?X

und dann

    ?"X = "; X

b) Schreiben Sie

```
100  E = 1.2E6
110 U$ = "UMSATZ ="
130 ?U$;E;"DM"
```

Lassen Sie das Programm ausführen.

c) Ergänzen Sie jetzt die Zeile

```
120 ?"AUSSEN";
```

und lassen Sie das Programm erneut laufen. Sehen Sie sich die Abstände zwischen den Zahlen und Strings genau an. (Ein String ist eine Zeichenkette wie z.B. DM.)

d) Schreiben Sie erneut die Zeile

```
120 ? "↓↓ AUSSEN";
```

wobei jeder der Pfeile das einmalige Betätigen der Taste „Cursor abwärts" symbolisiert. Lassen Sie das Programm wiederum laufen.

e) Ersetzen Sie in Zeile 130 die Semikolons durch Kommas und sehen Sie sich an, wie dadurch die Ausgabezeile verändert wird.

f) Schreiben Sie

```
110 T1$ = "EINNAHMEN"
120 T2$ = "KOSTEN": K = 0.63*E
130 T3$ = "GEWINN":G = E-K
140 ?T1$;E: ?T2$;K: ?:? T3$;G
```

und lassen Sie das Programm laufen.

g) Jetzt wollen wir die Zahlen als Kolonne schreiben. Ergänzen Sie in Zeile 14Ø hinter jedem der 3 Semikolons

    TAB(15);

und starten Sie das Programm erneut.

h) Die Position eines Ausgabewertes kann nicht nur absolut, sondern auch relativ zum Vorgänger positioniert werden. Dafür müssen Sie in Zeile 14Ø alle TAB-Angaben entfernen und wie folgt ersetzen:

    SPC(3) zwischen die Semikolons vor E

    SPC(7) zwischen die Semikolons vor K

    SPC(7) zwischen die Semikolons vor G

Sehen Sie sich die Wirkung an.

5.1 Textdarstellung

Sie haben gesehen, daß der Rechner sowohl Zahlen als auch Zeichenketten ausgeben kann. Soll der Inhalt des Speicherplatzes X dargestellt werden, schreibt man

    ?X

Durch die Anweisung

    ?"X"

wird dagegen der Buchstabe X ausgegeben, ein sog. String.

> Ein **String** ist eine Folge beliebiger Zeichen, die am Anfang und am Ende durch Anführungszeichen begrenzt ist.
>
> Alle Spezialtasten mit Ausnahme der DEL-Taste werden nicht sofort ausgeführt, sondern als Teil des Strings gespeichert (und ggf. später ausgeführt), wenn sie innerhalb der Anführungszeichen betätigt werden.
>
> Sollen die Steuertasten wieder normal funktionieren, muß die ESC-Taste gedrückt werden.

Bei der Korrektur von Tippfehlern beim Aufbau eines Strings werden Sie die Cursor-Steuertasten womöglich vermissen. Anstatt mit der DEL-Taste rückwärts alle Zeichen bis zum Fehler zu löschen, können Sie auch wie folgt vorgehen: Sie schreiben den String zu Ende und drücken die RETURN-Taste. Danach funktionieren die Spezialtasten wieder normal. Sie können den Cursor auf die fehlerhafte Stelle fahren, korrigieren in gewohnter Weise und geben erneut die RETURN-Taste.

Die **Programmierbarkeit der Spezialtasten** bietet dem Benutzer u.a. die Möglichkeit, Ausgabewerte an beliebiger Stelle des Bildschirms zu plazieren. Häufig soll auch vor der eigentlichen Ausgabe der Bildschirm gelöscht werden. Dieses Löschen geschieht ja mit der CLR-Taste (SHIFT nicht vergessen!), die in einen String zu setzen ist. Die Anweisung sieht dann so aus:

    ?"▼ "

Der Bildschirm wird gelöscht, wenn diese Anweisung ausgeführt wird.

Die vorangegangenen Übungen haben ferner gezeigt, daß es im cbm-BASIC neben den oben erklärten String-Konstanten auch String-Variable gibt. In Zeile 11Ø aus Übung b) haben wir davon Gebrauch gemacht und den String "UMSATZ = " auf der Variablen U$ gespeichert.

> Namen von **Stringvariablen** bestehen aus dem Namen einer gewöhnlichen Variablen, dem das Dollarzeichen angefügt ist.
>
> TI$ ist eine Systemvariable, sie enthält die Zeit in der Form "hhmmss".
>
> DS$ ist ebenfalls eine Systemvariable, die für den Datenaustausch mit der floppy-disk vorgesehen ist.

Abgesehen von den Systemvariablen TI und TI$ besteht zwischen einer Stringvariablen und der gewöhnlichen Variablen, die man nach Weglassen des Dollarzeichens erhält, kein zwangsläufiger Zusammenhang. Bei der Vergabe von Namen für Stringvariable braucht man keine Rücksicht auf benutzte gewöhnliche Variablen zu nehmen und umgekehrt.

5.2 Ausgabeanweisung

Fast alle bisherigen Übungen enthielten Ausgabeanweisungen. Deshalb sind Ihnen die nachfolgenden Regeln für diesen Befehlstyp wahrscheinlich schon geläufig.

> Die allgemeine Form der **Ausgabeanweisung** lautet
> PRINT Liste bzw. ? Liste
> In der Liste stehen Strings (als Konstante oder Variable) oder arithmetische Ausdrücke (s. Kap. 3).
> Die Bestandteile der Liste müssen durch Komma oder Semikolon getrennt, die Liste darf mit einem solchen Trennzeichen beendet werden.
> Die Liste darf fehlen.

Durch die Ausgabeanweisung werden die Strings oder die Werte der arithmetischen Ausdrücke aus der Liste auf dem Bildschirm dargestellt. Deshalb mutet es wohl seltsam an, daß diese Liste fehlen darf. In diesem Falle wird natürlich nichts ausgegeben. Es wird nur der Cursor an den Anfang der nächsten Bildschirmzeile gesetzt.

Zum Platzbedarf der Ausgabe auf dem Bildschirm ist festzuhalten:

> Ein String belegt für jedes seiner Zeichen eine Stelle.
> Der Platzbedarf einer Zahl wird durch die Anzahl ihrer Ziffern festgelegt zuzüglich einer Stelle für das Vorzeichen.
> Sollen in einer Zeile mehr Zeichen ausgegeben werden als der Bildschirm darstellen kann, wird der Überhang in die nächste Zeile gesetzt.

Falls Sie eine längere Tabelle auf den (cbm 8001) Bildschirm legen wollen, müssen Sie nicht unbedingt im Programm auf die Zahl der Bildschirmzeilen Rücksicht nehmen. Sie können später die laufende Bildschirmausgabe genau wie nach einem LIST-Kommando (s. Abschnitt 4.3) durch besondere Tasten anhalten, wieder fortsetzen oder langsam laufen lassen.

5.3 Positionierung der Ausgabe

Wenn Sie die Übungen c) und e) korrekt ausgeführt haben, haben Sie folgende Ausgabezeilen erhalten.

    Bei c: AUSSENUMSATZ=   12ØØØØØ DM
    Bei e: AUSSENUMSATZ=   12ØØØØØ DM

Das Komma in der Ausgabeliste führt also zu größeren Abständen als das Semikolon. Beachten Sie auch, daß das Wort AUSSEN mit der Ausgabeanweisung aus Zeile 12Ø und der
Rest mit der aus Zeile 13Ø geschrieben wurde. So können die Daten einer Bildschirmzeile
also von verschiedenen PRINT-Anweisungen stammen, während die Daten einer PRINT-Anweisung stets in eine Bildschirmzeile gesetzt werden. Der genaue Aufbau der Ausgabezeilen
wird verständlich, wenn Sie sich folgende Regeln ansehen.

> Jede 10. Stelle der **Ausgabezeile** ist vortabuliert. Mit dem Komma wird zur nächsten
> Tabulatorstelle vorgerückt.
>
> Hinter einem arithmetischen Ausdruck bewirkt das Semikolon einen Abstand von ei-
> ner Stelle zum nächsten Zeichen. Hinter einem String unterdrückt das Semikolon den
> Vorschub.
>
> Endet eine PRINT-Anweisung nicht mit einem Trennzeichen, steht der Cursor vor
> der nächsten Ein- oder Ausgabe am Anfang der nächsten Zeile.

Von diesen Standardfestlegungen für eingeschobene Leerstellen und Tabulatorpositionen
kann jedoch abgewichen werden. Dazu muß in die Ausgabeliste vor den Wert, der absolut
(TAB) oder relativ zum Vorgänger (SPC) positioniert werden soll, eine entsprechende Angabe eingefügt werden. Diese sollte durch Semikolons begrenzt werden, weil ihre Wirkung
sonst durch die Vorschubwirkung des Kommas verfälscht wird.

> Mit SPC(n) werden n Leerstellen ausgegeben.
>
> Mit TAB(n) wird hinter die nte (also auf die (n + 1)te) Ausgabestelle vorgerückt.
>
> Als n darf ein arithmetischer Ausdruck geschrieben werden, dessen Wert zwischen
> Ø und 255 liegt.

Beachten Sie, daß mit TAB nicht zurückgegangen werden kann. Die TAB-Anordnung wird
ignoriert, wenn der Cursor schon hinter der angesprochenen Position steht. Außerdem müssen Sie bedenken, daß Sie z.B. mit TAB(1) auf die 2. Stelle der aktuellen Zeile positionieren. Diese Ungereimtheit liegt daran, daß rechnerintern die 1. Stelle die Adresse Ø, die
2. Stelle die Adresse 1 hat usw., so daß mit TAB(n) auf die nte Stelle bei interner Zählweise vorgerückt wird, und das ist die (n + 1)te Stelle bei der üblichen Zählweise.

5.4 Bildschirmfunktionen

Der Stoff dieses Abschnitts ist erst erforderlich, wenn besonders komfortable bzw. aufwendige Bildschirmausgaben zu erstellen sind. Der Anfänger sollte deshalb diesen Abschnitt
übergehen und erst zurückkehren, nachdem er sich Kapitel 13 erarbeitet hat.

Geräte der Serie cbm 8001 verfügen über einige Bildschirmfunktionen, die jedoch nach dem Stand von Ende 1981 nicht über spezielle Tasten angesprochen werden können. Sie lassen sich über PRINT-Kommandos aktivieren, mit denen die entsprechenden Codes zum Bildschirm gesendet werden.

> Bildschirmfunktionen werden aktiviert, wenn
> CHR$ (n)
> mit einem der nachstehend genannten Werte von n in einem PRINT-Kommando
> an den Bildschirm übergeben wird.

n	Wirkung auf aktuelle Cursorposition
15	linke obere Fensterecke definieren
143	rechte untere Fensterecke definieren
21	Zeile entfernen
149	Zeile einfügen
22	Rest der Zeile löschen
15∅	Anfang der Zeile löschen
25	Fensterinhalt aufwärts rollen
153	Fensterinhalt abwärts rollen

Beispiel:

PRINT CHR$ (15∅); CHR$ (22);

löscht die aktuelle Cursorzeile.

Unter einem **Fenster** versteht man einen rechteckigen Bildschirmausschnitt, der durch seine linke obere und rechte untere Ecke definiert wird. Der Cursor muß zuvor auf die fragliche Position bewegt werden (z.B. durch programmierte Steuertasten in einem Ausgabestring mit nachfolgendem Semikolon). Anschließend gibt man CHR$ (15) bzw. CHR$ (143). Wurde ein Fenster definiert, spielen sich alle Bildschirmaktivitäten, z.B. LIST, darin ab. Der Rest des Bildschirms bleibt geschützt. Eine Rückkehr zum Urzustand, bei dem der ganze Bildschirm ein Fenster darstellt, wird durch zweimaliges Betätigen der HOME-Taste erreicht.

Eine (Fenster-)**Zeile entfernen** heißt, die Zeile zu streichen, in der der Cursor steht. Alle nachfolgenden Zeilen rücken um eine nach oben, und am unteren Rand wird eine Leerzeile eingesetzt.

Eine (Fenster-)**Zeile einfügen** heißt, die unteren Zeilen einschließlich der momentanen Cursorzeile um eine nach unten zu rücken, so daß die unterste Zeile verloren geht. Der Cursor bleibt in seiner Position. Die Cursorzeile ist nach dieser Aktion leer.

Das Löschen eines Teils der Cursorzeile schließt jeweils die momentane Cursorposition ein, so daß sowohl über den Code für **Zeilenanfang löschen** als auch für **Zeilenende löschen** bei geeigneter Cursorposition die ganze Zeile gelöscht werden kann.

Manchem Leser wird sich hier die Frage stellen, wie von einem Programm aus der Cursor in eine bestimmte Position gebracht werden kann. Dazu ein Lösungsvorschlag. In eine Stringvariable Z$ speichern Sie einmal die Taste HOME und 24mal die Taste "Cursor abwärts".

Dann können Sie den Cursor mit

    PRINT LEFT$(Z$,M+1);TAB(N);

nach Zeile M und Spalte N bringen. Beachten Sie bitte, daß jeweils ab $\emptyset$ gezählt wird, d.h.
die oberste Zeile ist Zeile $\emptyset$, die vorderste Spalte ist Spalte $\emptyset$ usw.

5.5 Aufgaben

An dieser Stelle scheint ein grundsätzlicher Hinweis zur Bearbeitung der Aufgaben angebracht.

Je weiter Sie sich die Sprache BASIC erarbeiten, desto unwahrscheinlicher wird es, daß
Ihre Lösungen mit den angegebenen Musterlösungen identisch sind. Sie brauchen also einen
anderen Weg, um Ihre Lösung überprüfen zu können. Benutzen Sie dafür den Rechner, wann
immer das möglich ist!

Auch wenn im Aufgabentext nicht ständig darauf hingewiesen wird, kann fast immer mit
wenigen Zusatzbefehlen ein kleines Programm formuliert werden, das die aktuelle Aufgabe
einschließt. Lassen Sie dieses Programm laufen, sehen Sie sich Zwischenergebnisse an, variieren Sie die Ausgangswerte, und Sie werden bald erkennen, ob Sie die jeweilige Aufgabe
gelöst haben. Schon die nachstehenden Aufgaben sollten Sie in diesem Stil bearbeiten.

5-1   Wir nehmen an, daß auf den Variablen A und B Zahlen mit je max. 5 Ziffern stehen.
      Schreiben Sie eine Ausgabeanweisung, mit der der Wert von A ab Stelle 21 und der
      Wert von B in der gleichen Zeile ab Stelle 11 ausgegeben werden.

5-2   Wie erreichen Sie mit getrennten Ausgabeanweisungen für A und B die gleiche Ausga-
      bezeile wie in Aufgabe 5-1?

5-3   Der Inhalt des Speicherplatzes G, hier durch xxx repräsentiert, soll in folgender Form
      ausgegeben werden:

          GEWICHT: xxxKG

      Schreiben Sie die Ausgabeanweisung hierfür so, daß vor und hinter xxx möglichst
      wenig Leerstellen auftreten.

5-4   Wie erreichen Sie folgende Anordnung der Ausgabe?

          GEWICHT
          xxx   KG

      Dabei sollen vor Gewicht 3 Leerstellen erscheinen und für Werte von G zwischen
      $1\emptyset\emptyset$ und 999 soll KG unter HT stehen.

6 Eingabe

Damit Sie Ihre Programme vielfach und vor allem unverändert verwenden können, müssen
Sie diese weitgehend unter Benutzung von Variablen formulieren. Als Konstante sollten
Sie nur Universalkonstanten, wie z.B. π, oder Systemkonstanten einprogrammieren. Dar-
unter versteht man Zahlen, die für eine Problemklasse konstant sind, aber nicht das Einzel-
problem beschreiben. So könnte man die 2 in der Kreisumfangsformel $U = 2\pi R$ als System-
konstante bezeichnen, während der Radius R natürlich den konkreten Kreis beschreibt.

Die Kenngrößen des speziellen Problems müssen dem Rechner bekannt gemacht werden.
Da Sie diese aber nicht als Konstanten einprogrammieren sollen, müssen Sie Eingabeanweisungen (INPUT, READ) für entsprechende Variablen schreiben. Die Zahlen werden dann
während der Ausführung aus einer DATA-Zeile (READ) oder einer Bildschirmzeile (INPUT)
entnommen. Dieses Zusammenspiel soll jetzt geübt werden.

a) Löschen Sie den Programmspeicher und schreiben Sie

        2DATA 4, 5, 6, 7
        3ØREAD A, B: ?A; B,
        4ØREAD A: ?A

Starten Sie das Programm.

b) Ergänzen Sie

        1DATA 3
        RUN

Wenn Sie das Ergebnis registriert haben, starten Sie erneut mit

        GOTO3Ø

c) Falls die Übung b) nicht mit einer Fehlermeldung endete, haben Sie einen Fehler gemacht. Wiederholen Sie b) ggf. in der vorgeschriebenen Form. Danach ergänzen Sie

        5ØRESTORE

Geben Sie erneut

        RUN

und nach dem Durchlauf erneut

        GOTO3Ø

d) Löschen Sie das alte Programm und schreiben Sie

        2ØINPUT S1, S2
        4Ø ?"SUMME =";S1 + S2
        RUN

Daraufhin erscheint ein Fragezeichen, mit dem Ihr cbm-Rechner Sie auffordert, Daten für eine INPUT-Anweisung einzugeben. Schreiben Sie 2 Zahlen, die Sie durch ein Komma trennen müssen (z.B. 8,4) und betätigen Sie die RETURN-Taste.

e) Fügen Sie zwischen INPUT und S1 folgende Zeichen ein:

    "SUMMANDEN";

Starten Sie das Programm. Jetzt wäre es vernünftig, wie bei d) eine Datenzeile mit 2 Zahlen aufzubauen. Versuchen Sie es statt dessen mit nur einer Zahl und der RETURN-Taste.

Geben Sie noch eine Zahl ein, und es erscheint wieder die Summe beider Zahlen.

f) Starten Sie das Programm erneut und drücken Sie nach dem Erscheinen des Fragezeichens sofort die RETURN-Taste.

g) Schreiben Sie

    1ØINPUT"EINHEIT"; E$

und ergänzen am Ende von Zeile 4Ø

    ;E$

Starten Sie das Programm. Als aktuellen Wert für E$ können Sie z.B. die Zeichenfolge

    D-MARK

wählen. Die Zahlen geben Sie am besten wie in Übung d) ein.

6.1 Eingabe während des Programmlaufs

Wir haben eingangs schon betont, daß problembezogene Daten über Eingabeanweisungen in das Programm einfließen sollten. Ein gängiges Prinzip ist, das Programm während der Programmausführung zu unterbrechen, wenn neue Daten benötigt werden, und diese Unterbrechung dem Benutzer anzuzeigen. Hier geschieht das mit einem Fragezeichen. Daraufhin gibt der Benutzer über den Bildschirm bzw. die Tastatur die Daten ein, und das Programm wird automatisch fortgesetzt.

> Diese **Eingabeanweisung** hat die Form
> INPUT Variablenliste bzw.
> INPUT "Text"; Variablenliste
>
> In der Liste stehen Variablennamen, die durch Kommas zu trennen sind.

Besonders bei Programmen mit mehreren INPUT-Anweisungen empfiehlt sich die zweite Form. Bei ihr erscheint später als Zeichen der Programmunterbrechung der hinter INPUT gesetzte Text und dann das Fragezeichen. Dadurch wird es möglich, die verschiedenen Lesebefehle zu kennzeichnen oder gar dem Benutzer Hinweise für die Dateneingabe zu geben.

In der Variablenliste dürfen beliebige Variablen stehen. Beim **Aufbau der Datenzeilen** ist jedoch zu beachten, daß die Daten zum jeweiligen Variablentyp passen, also z.B. kein String geschrieben wird, wenn in der Liste eine gewöhnliche Variable an der Reihe ist.

> Damit das Programm nach der Unterbrechung für eine INPUT-Anweisung fortgesetzt wird, müssen soviel Daten eingegeben werden, wie Variablen in der Liste stehen.

> Die eingegebenen Daten werden der Reihe nach den Variablen der Variablenliste zugeordnet.
>
> Die Daten für eine INPUT-Anweisung dürfen in eine Zeile geschrieben werden, müssen es aber nicht.
>
> Innerhalb einer Zeile werden Daten durch Kommas getrennt.

Wie bereits erwähnt, zeigt der Rechner durch ein Fragezeichen an, daß er Daten für eine INPUT-Anweisung erwartet. Was geschieht aber, wenn Sie daraufhin nur die RETURN-Taste betätigen?

> Die Eingabe einer leeren Datenzeile für eine INPUT-Anweisung führt zum Programmabbruch.

Beispiel:

Wir wollen ein Programm schreiben, das das Volumen eines Ziegelsteines berechnet. Wenn wir die Kantenlängen mit L, B und H bezeichnen, erhalten wir das Volumen als V = L*B*H. Um möglichst flexibel zu bleiben, wollen wir alle Kantenlängen im Programm als Variable behandeln und deren Werte über einen Lesebefehl festlegen. Anschließend kann das Volumen berechnet und ausgegeben werden. Schließlich bieten wir dem Benutzer noch die Möglichkeit, das Ergebnis mit einem beliebigen Text TE$ zu kennzeichnen.

Bild 6.1 zeigt Ihnen, wie diese Aktionenfolge als Ablaufplan dargestellt wird. Übertragen wir diesen Plan in BASIC:

```
1ØINPUT L, B, H, TE$
2ØV = L*B*H
3Ø?TE$; V
```

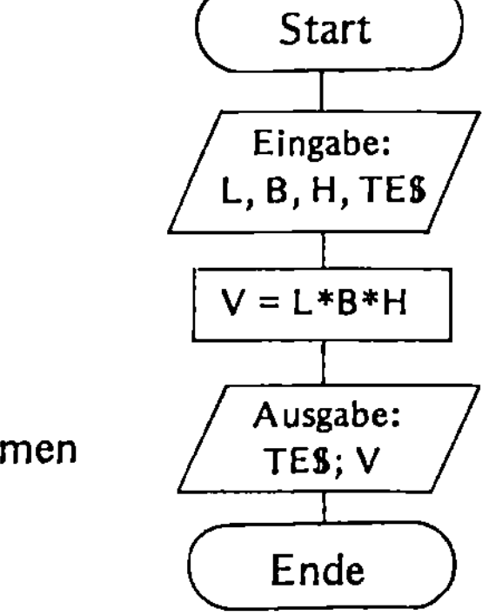

Bild 6.1 Quadervolumen

Nachdem Sie dieses Programm gestartet haben, werden Sie aufgefordert, Daten einzugeben. Diese können Sie auf viele Arten anordnen. Zwei davon seien hier aufgeführt.

Version 1:

```
?24.Ø,11.5,7.1, NORMALFORMAT  RETURN-Taste
```

Version 2:

```
?24.Ø,11.5,7.1          RETURN-Taste
??NORMALFORMAT  RETURN-Taste
```

Die Eingabe der 4 genannten Größen hätten wir auch mit folgenden Anweisungen erreichen können:

```
1Ø INPUT "LAENGE";L
12 INPUT "BREITE";B
14 INPUT "HOEHE";H
16 INPUT "TEXT";TE$
```

In diesem Fall spielt sich bei der Dateneingabe folgender Dialog ab:

LAENGE? 28.5	RETURN-Taste
BREITE? 13.5	RETURN-Taste
HOEHE? 8.5	RETURN-Taste
TEXT? KLOSTERFORMAT	RETURN-Taste

Zur Klarstellung sei noch einmal betont, daß die Zeileninhalte bis einschließlich der Fragezeichen bei der Ausführung der INPUT-Anweisungen von Ihrem Rechner stammen, während Sie den Rest der Zeilen schreiben. Dabei hätten Sie die Strings auch durch Anführungszeichen begrenzen dürfen.

Sie werden es schon selber bemerkt haben, aber trotzdem sei darauf hingewiesen, daß unser Programm mehr kann, als in der Aufgabenstellung gefordert ist. Die Ursache liegt primär in dem notwendigen Abstraktionsprozeß, der bei komplexeren Problemen oft Kopfzerbrechen bereitet, hier jedoch kaum bewußt wurde: wir haben den Stein als Sonderfall eines Quaders erkannt. Durch die Verwendung allgemein gehaltener Texte und vor allem der Textvariablen haben wir dann konsequent das durch die Abstraktion verallgemeinerte Problem „Quadervolumen" programmiert.   ●

6.2 Eingabe vor dem Programmstart

Die Dateneingabe über die INPUT-Anweisung wird unbefriedigend, wenn für einen Programmdurchlauf relativ viele Eingabedaten erforderlich sind. Entdecken Sie nämlich einen Fehler in den Daten erst, nachdem die betreffende Datenzeile per RETURN-Taste an das Programm übergeben wurde, müssen Sie in der Regel das Programm neu starten und *alle* Daten neu eingeben. Um so etwas zu vermeiden, ist es oft besser, zuerst alle Daten zu schreiben, zu speichern, ggf. zu korrigieren und erst dann das Programm zu starten. Damit gehören die in Ihrem cbm-Rechner gespeicherten Daten zwar formal zum Programm (s. Abschnitt 4.1), aber es macht weniger Mühe, korrekte Eingabewerte bereitzustellen.

Derartige Programmzeilen, die Daten für einen Leseprozeß enthalten, werden durch das Kennwort DATA bezeichnet.

> Der Aufbau der DATA-Anweisung ist
> DATA Werteliste
>
> Die Daten in der Werteliste werden durch Kommas getrennt.

Wenn die Daten von einer anderen Stelle gelesen werden sollen als bei INPUT, bedarf es natürlich eines weiteren Eingabekommandos: READ.

> Diese **Eingabeanweisung** hat die Form
> READ Variablenliste
> In der Liste stehen Variablennamen, die durch Kommas zu trennen sind.

Beispiele für READ und DATA kennen Sie schon aus den Übungen a) bis c). Sehen Sie sich
noch einmal an, wie das Zusammenspiel zwischen diesen beiden Anweisungsarten in Übung
b) ablief. Zunächst erhielten A den Wert 3 und B den Wert 4. Ein READ versorgte sich also
aus verschiedenen DATA-Anweisungen. Das anschließende READ A brachte A den Wert 5.
Eine DATA-Anweisung konnte also abschnittsweise von verschiedenen READ-Anweisungen
gelesen werden. Beim zweiten Durchlauf reichten dann die Daten nicht, so daß eine Fehlermeldung erfolgte. Diese Meldung wurde in Übung c) vermieden, aber hier brachte der zweite Durchlauf auch die gleichen Zahlen wie der erste. Lassen Sie uns diese Beobachtungen
nun in Merkregeln umsetzen.

> Die Daten aus allen DATA-Anweisungen werden der Reihe nach den Variablen aus
> den ausgeführten READ-Anweisungen zugeordnet.
>
> Mit Hilfe eines sog. Pointers merkt sich der Rechner, wie weit die DATA-Anweisun-
> gen schon abgearbeitet wurden.
>
> Mit RESTORE wird der Pointer in seine Ausgangsstellung zurückgesetzt, also an den
> Anfang der ersten DATA-Anweisung.

Es gibt keine bindende Vorschrift für die Anordnung der DATA-Zeilen innerhalb des Programms. Im Hinblick auf die Eigenarten des Lesens aus den DATA-Zeilen und deren be-
queme Änderung sollte man diese totale Freizügigkeit jedoch nicht ausnutzen. Der Autor
rät Ihnen statt dessen, alle DATA-Anweisungen an den Anfang des Programms zu setzen
und hierfür fortlaufende Zeilennummern zu verwenden.

6.3 Einzelzeichen-Eingabe

Wer in der Programmierung wenig erfahren ist, sollte diesen Abschnitt übergehen. Der hier
dargestellte Stoff ist erst von Nutzen, wenn Sie einen besonders aufwendigen Eingabedialog
programmieren oder unkonventionelle Peripheriegeräte bedienen müssen.

Mit GET steht ein Eingabe-Kommando zur Verfügung, mit dem bei jeder Ausführung ein
Zeichen in den Rechner übernommen werden kann.

> Die Eingabe eines Zeichens von der Tastatur kann programmiert werden mit
> GET Variable
>
> Es darf eine gewöhnliche oder eine Stringvariable benutzt werden.

Das Programm wird durch GET nicht unterbrochen, so daß es auch nicht wie bei INPUT
nach der Dateneingabe mit der RETURN-Taste fortgesetzt werden muß. Falls das Programm
bestimmte Zeichen erwartet, z.B. zur Ablaufsteuerung, müssen Sie daher eine Warteschleife
vorsehen; denn anders ist kaum zu erreichen, daß der Benutzer den Zeitpunkt der Eingabe
trifft. Eine Warteschleife sieht im Prinzip wie folgt aus:

```
5Ø GET A$: IF A$ = "  " THEN 5Ø
```

In analoger Weise können einzelne Zeichen von einem Peripheriegerät geholt werden. Das
Kommando lautet dann GET#k, Variable. Es setzt ein OPEN für die Kanalnummer k voraus (s. Kap. 8 und 9).

6.4 Aufgaben

6-1 Durch eine INPUT-Anweisung soll der Variablen T$ der 7stellige String ABC, DEF zugewiesen werden. Wie müssen Sie die Datenzeile schreiben?

6-2 Benutzen Sie statt der INPUT- eine READ-Anweisung. Wo bzw. wie müssen Sie jetzt den String ABC, DEF schreiben?

6-3 Wir betrachten das Beispiel aus Abschnitt 6.1 in der Version mit 4 INPUT-Anweisungen und nehmen an, bei der Ausführung des Programms sei auf TEXT? sofort mit der RETURN-Taste geantwortet worden.
Wie reagiert der Rechner?
Was müssen Sie tun, um den aktuellen Fall bearbeiten zu lassen, ohne noch einmal die Abmessungen eingeben zu müssen?

6-4 Eine Ausgabezeile für die Werte von zwei Variablen können Sie alternativ mit einer PRINT- oder mit zwei PRINT-Anweisungen schreiben. Können Sie dementsprechend eine Datenzeile mit 2 Zahlen alternativ mit einem oder zwei Lesebefehlen lesen?

7 Verzweigungen

In den bisherigen Übungen und Beispielen haben wir nur lineare Programme geschrieben:
Bei jedem Durchlauf wurde jede Anweisung genau einmal ausgeführt. Von dieser Programm-
struktur wollen wir nun abgehen.

a) Schreiben Sie

```
1Ø INPUT "Z"; Z:?
2Ø IF Z < Ø THEN ?"REN";
3Ø ?"TIER": GOTO 1Ø
RUN
```

Geben Sie im unregelmäßigen Wechsel positive und negative Zahlen ein und registrieren
Sie den Zusammenhang zwischen Eingabe- und Ausgabewerten.

b) Löschen Sie in Zeile 2Ø die zwischen der Zeilennummer und dem Fragezeichen (bzw.
PRINT) stehenden Zeichen und lassen Sie das Programm mit den gleichen Zahlen wie in
Übung a) laufen. (Falls keine Unterschiede auftreten, haben Sie nach dem Löschen wahrscheinlich die RETURN-Taste vergessen. Lassen Sie sich die Zeile 2Ø zeigen und korrigieren Sie sie wie vorgeschrieben.)

c) Schreiben Sie

```
3Ø ?A*B:GOTO1Ø
1Ø INPUT"A, B";A, B
2Ø IF A = Ø OR B = Ø THEN?"NULL": GOTO 1Ø
```

Lassen Sie auch dieses Programm laufen. Wählen Sie die einzugebenden Zahlenpaare so,
daß gelegentlich, aber nicht immer eine Null vorkommt.

d) Schreiben Sie

```
1Ø S = Ø
2Ø Z = RND(TI): S = S + Z: ?Z
3Ø IF S < = 7 THEN GOTO 2Ø
4Ø ?"SUMME";S
```

Geben Sie mehrfach das RUN-Kommando und prüfen Sie jeweils, daß die Differenz der
letzten beiden Zahlen die 7 noch nicht übersteigt.

e) Löschen Sie in Zeile 3Ø das Kommandowort GOTO, so daß die Zeile auf THEN 2Ø endet. Überzeugen Sie sich, daß das Programm genau so arbeitet wie bisher. Die ausgegebenen Zahlen wiederholen sich allerdings im allgemeinen nicht, weil wir in Zeile 2Ø einen Zufallszahlengenerator (RND) benutzen.

f) Schreiben Sie

    1∅ INPUT"Z"; Z
    2∅ ON Z GOTO 4∅, 1∅, 3∅, 4∅
    3∅ ?:?"A":?: GOTO 1∅
    4∅ ?:?"B":?:GOTO 1∅

Starten Sie das Programm, geben Sie in beliebiger Reihenfolge ca. 1∅ Zahlen zwischen ∅ und 6 ein und registrieren Sie den Zusammenhang zwischen Ihrer Eingabe und der Ausgabe.

7.1 Sprunganweisung

Wir haben in früheren Beispielen gesehen, daß die Programmzeilen aufsteigend nach Zeilennummern sortiert und in dieser Reihenfolge abgearbeitet werden. Durch besondere Anweisungen, sog. Verzweigungen, kann jedoch von dieser „natürlichen" Reihenfolge abgewichen werden.

Die einfachste Verzweigung ist die Sprunganweisung, in der wir die Nummer der Zeile vorgeben, mit der die Programmausführung fortgesetzt werden soll.

> Die allgemeine Form der **Sprunganweisung** ist
> GOTO n
> Darin bedeutet n die Nummer einer im Programm vorhandenen Zeile.

Die Wirkung sahen Sie z.B. in Übung a). Nach jeder Ausgabe des Wortes TIER (Zeile 3∅) wurde von Ihnen die Eingabe einer Zahl gefordert (Zeile 1∅).

Die Übungen d) und e) haben gezeigt, daß ein bedingter Sprung (s. Abschnitt 7.3) auch kürzer codiert werden kann.

> In einer **bedingten Sprunganweisung** braucht statt THEN GOTO n nur THEN n
> geschrieben zu werden.

Schon mit der einfachen GOTO-Anweisung können wir die lineare Struktur unserer bisherigen Programme aufweichen. Beispielsweise werden reine Berechnungsprogramme oft so eingesetzt, daß das Programm mehrfach unmittelbar nacheinander mit verschiedenen Daten ausgeführt wird. Dazu mußten wir bisher nach jedem Durchlauf das Programm neu starten. Das können wir sparen, wenn wir ans Programmende einen unbedingten Sprung zur ersten ausführbaren Anweisung setzen.

Damit erhält das Programm die Struktur einer unendlichen Schleife. Solange bei jedem Durchlauf garantiert eine INPUT-Anweisung erreicht wird, ist das fehlende Ende aber kein Nachteil. Beim INPUT hält das Programm an, und der Benutzer entscheidet über Fortsetzung (Daten und RETURN-Taste) oder Abbruch (nur RETURN-Taste).

7.2 Berechneter Sprung

Der einfache Sprung bewirkt die Fortsetzung des Programms an stets der gleichen Stelle.
Die bedingte Sprunganweisung (s. Abschnitt 7.3) gestattet dagegen, eine Alternative zu
programmieren: entweder wird gesprungen oder nicht. Daneben enthält das cbm-BASIC
noch den berechneten Sprung, mit dem aus einer Menge von Zeilennummern eine ausge-
wählt wird, um dort die Ausführung fortzusetzen. Sie kennen diese Anweisung aus Übung f).
Dort wurde "B" ausgegeben, wenn der ganzzahlige Teil der eingegebenen Zahl 1 oder 4 war.
Bei 2 wurde sofort zum Lesebefehl verzweigt, und in den anderen Fällen wurde die Zeile 3$\emptyset$
ausgeführt, d.h. bei $\emptyset$, bei 3 und von 5 an aufwärts.

Lassen Sie uns die Regeln für diesen Anweisungstyp zusammenstellen:

> Die allgemeine Form der **berechneten Sprunganweisung** ist
> ON a GOTO n1, n2, ... , nk
>
> Darin sind n1 bis nk die Nummern im Programm vorhandener Zeilen und a ein nicht
> negativer arithmetischer Ausdruck.

Wenn der ganzzahlige Teil von a 1 ist, wird zur Zeile n1 verzweigt, ist er 2, wird bei Zeile n2
fortgesetzt usw. Es wird nicht gesprungen, sondern die Ausführung in der nachfolgenden
Zeile fortgesetzt, wenn der ganzzahlige Teil von a $\emptyset$ oder größer als k ist.

7.3 Bedingte Anweisung

In den Übungen, z.B. in Übung a), haben Sie erlebt, daß eine Anweisung (PRINT "REN")
gelegentlich nicht ausgeführt wurde. Sie war als bedingte Anweisung codiert und wurde nur
erreicht, wenn Sie eine negative Zahl Z eingegeben hatten. In Übung b) wurde hingegen je-
desmal REN geschrieben, so daß die Bedingung offenbar durch den Teil der Zeile 2$\emptyset$ aus-
gedrückt war, den Sie in Übung b) gelöscht haben.

Was hier am Beispiel einer Ausgabeanweisung demonstriert wurde, ist durchweg erlaubt.
Die Ausführung jeder Anweisung (Ausnahme: FOR, s. Kap. 11) kann vom Vorliegen be-
stimmter Bedingungen abhängig gemacht werden.

> Die allgemeine Form der **bedingten Anweisung** ist
> IF Bedingung THEN Anweisung

Wenn die Bedingung verletzt ist, wird die hinter THEN stehende Anweisung, der sog. Ja-
Ast, ignoriert und sofort die nachfolgende Zeile abgearbeitet. Ist die Bedingung erfüllt, wird
der Ja-Ast ausgeführt. Dieser darf mehrere durch Doppelpunkt getrennte Anweisungen enthalten, die entweder alle ignoriert oder alle ausgeführt werden. Endet der Ja-Ast nicht mit
einer Sprunganweisung, wird anschließend die nachfolgende Zeile abgearbeitet.

Bedingungen werden oft als Vergleich geschrieben.

> Ein **Vergleich** besteht aus 2 arithmetischen Ausdrücken oder 2 Strings (den Operan-
> den) und einem Vergleichsoperator.

> Wenn a1 und a2 Operanden des gleichen Typs bezeichnen, sind folgende Vergleiche
> möglich:
>
> | BASIC | Bedeutung |
> |---|---|
> | a1 < a2 | a1 kleiner als a2 |
> | a1 = a2 | a1 gleich a2 |
> | a1 > a2 | a1 größer als a2 |
> | a1 > = a2 | a1 größer oder gleich a2 |
> | a1 <> a2 | a1 ungleich a2 |
> | a1 < = a2 | a1 kleiner oder gleich a2 |

Strings werden von vorne her zeichenweise verglichen, bis 2 unterschiedliche Zeichen auftreten. Auf der Basis des zur internen Zeichendarstellung verwendeten Codes (ASCII: American Standard Code for Information Interchange) ergibt sich die Größenrelation zwischen den Zeichen. Diese stimmt überein mit der üblichen lexikografischen Anordnung, wobei die Ziffern noch vor den Buchstaben rangieren. Falls ein String mit dem Anfang eines anderen völlig übereinstimmt, gilt der kürzere als kleiner.

Für den Bereich numerischer Vergleiche sind mit der obigen Regel auch Bedingungen wie in Übung a) oder d) erfaßt; denn ein arithmetischer Ausdruck (vgl. Abschnitt 3.4) kann bis auf eine Konstante oder eine Variable abmagern. Es geht aber auch komplizierter, wie Übung c) zeigt.

> Wenn b1 und b2 zulässige Bedingungen (z.B. Vergleiche) bezeichnen, dürfen folgende
> **Bedingungen** formuliert werden:
>
> | BASIC | Bedeutung |
> |---|---|
> | NOT b1 | Negation von b1 |
> | b1 AND b2 | b1 und b2 |
> | b1 OR b2 | b1 oder b2 |

Da „kleiner oder gleich" das Gegenteil (die Negation) von „größer" ist, sind z.B. folgende Bedingungen gleichwertig:

> a1 < = a2   entspricht   NOT a1 > a2

Für den Gebrauch von AND und OR sei daran erinnert, daß eine mit „und" gebildete Gesamtbedingung b1 und b2 erfüllt ist, wenn beide Einzelbedingungen erfüllt sind. Bei „oder" hingegen ist die Gesamtbedingung b1 oder b2 erfüllt, wenn mindestens eine Einzelbedingung erfüllt ist. So wurde in Übung c) das Wort NULL geschrieben, wenn Sie eine oder zwei Nullen eingegeben hatten.

Eine Erläuterung der Aussagenlogik kann hier nicht erfolgen, weil sie zu weit vom Thema dieses Buches wegführt. Wer programmieren will, sollte die Regeln der formalen Logik jedoch kennen und über die obigen Andeutungen hinaus z.B. in der Lage sein, zusammengesetzte Aussagen (Bedingungen) zu negieren. Wenn Sie auf diesem Gebiet Wissenslücken spüren, sollten Sie sie, vielleicht mit Hilfe der einschlägigen Literatur, beizeiten beseitigen.

Nachdem wir in diesem Kapitel weitere Operatoren kennengelernt haben, müssen wir noch einmal die Frage ihrer Priorität aufgreifen. Wie bei den arithmetischen Operatoren kann auch hier durch Paare runder Klammern vorgeschrieben werden, in welcher Reihenfolge die in einem Ausdruck auftretenden Operatoren abgearbeitet werden sollen. Soweit davon kein Gebrauch gemacht wird, gilt folgende

Rangordnung der Operatoren:

Rang	Operator
1	↑
2	*/
3	+ −
4	Vergleichsoperatoren
5	NOT
6	AND
7	OR

Beispiel:

Ein zentrales Problem der Programmierung ist die Berechnung von Summen mit variabler Anzahl von Summanden. Den prinzipiellen Lösungsweg hierfür wollen wir am nachstehenden Problem aufzeigen.

Der Rechner kann Zufallszahlen erzeugen, die zwischen $\emptyset$ und 1 liegen. Wir wollen diese Zahlen solange aufaddieren, bis die Summe den Wert 7 übersteigt, und uns zur Kontrolle die Zahlen und ihre Summe ausgeben lassen. Da die Anzahl der Summanden nicht bekannt ist, können wir keine Additionsanweisung mit entsprechender Anzahl von „+"-Zeichen formulieren. Wir müssen stattdessen mit einer Zeile der Form

$$S = S + Z$$

nur *eine* Zufallszahl Z verarbeiten und diese Anweisung mit jeweils neuem Z so oft ausführen wie nötig. Bei dieser Technik hat S die Bedeutung „Teilsumme der bislang addierten

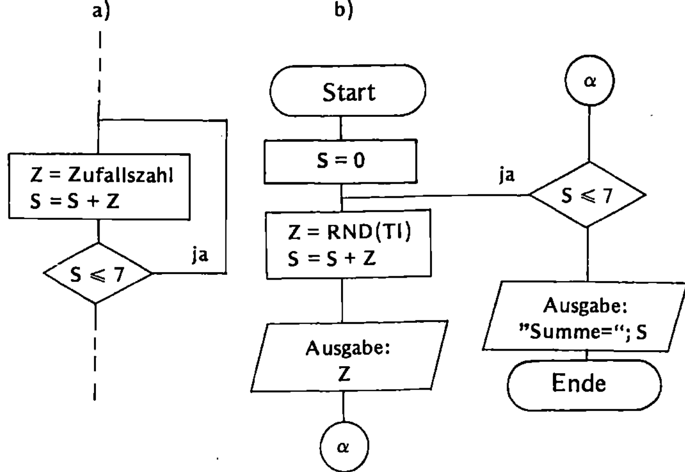

Bild 7.1 Summe von Zufallszahlen

Zahlen". Nach jedem Durchlauf ändert sich der Wert von S, so daß eine Folge von Teilsummen entsteht. Wir brechen die Berechnung ab, wenn der richtige Summenwert erreicht ist (s. Bild 7.1, Version a).

Die Summe ist natürlich nur korrekt, wenn vor der Verarbeitung der ersten Zufallszahl S den Wert $\emptyset$ hat. Außerdem sollten die Zahlen und ihre Summe ausgegeben werden, so daß sich der Plan aus Bild 7.1, Version b, ergibt. Eine Übertragung dieses Ablaufplans in ein BASIC-Programm erübrigt sich, da Sie das Programm in Übung d) schon geschrieben haben.

●

7.4 Aufgaben

7-1 Das Minimum a_m der Zahlen $a_1, a_2, \dots, a_n$ ist charakterisiert durch

$$a_m \leqslant a_i, \ i = 1, 2, \dots n$$

Schreiben Sie ein Programm, das aus 3 einzulesenden Zahlen das Minimum a_m bestimmt und ausgibt. Verwenden Sie keine indizierten Variablen.

7-2 Schreiben Sie ein Programm, das bei beliebiger Anzahl n das Minimum von $a_1, a_2, \dots, a_n$ ermittelt und ausgibt. Lesen Sie als erstes die Anzahl n. Verwenden Sie keine indizierten Variablen.

7-3 In einem Lager befinden sich n verschiedene Artikel. Vom i-ten Artikel sind a_i Stück vorhanden, und der Preis für ein solches Stück ist P_i. Schreiben Sie ein Programm, das für den gesamten Lagerbestand den durchschnittlichen Stückpreis DP ermittelt. Die Formel dafür lautet

$$DP = \frac{\sum_{i=1}^{n} a_i P_i}{\sum_{i=1}^{n} a_i}$$

Bauen Sie das Programm so auf, daß die Preise (langfristig konstant) über READ/DATA-Anweisungen und die Stückzahlen (täglich veränderlich) über INPUT-Anweisungen gelesen werden. Verwenden Sie keine indizierten Variablen.

8 Benutzung des Recorders

Das Kassettenlaufwerk bietet die Möglichkeit, Programme auf gewöhnlichen Kassetten zu archivieren. Legen Sie eine leere Kassette ein und lassen Sie uns das Speichern und Laden von Programmen üben.

a) Betätigen Sie am Recorder die Rücklauftaste (REW). Während die Kassette zurückgespult wird, erstellen Sie ein einfaches Programm:

    1Ø INPUT "BASIS, EXPONENT";B,E
    2Ø ?B↑E: GOTO 1Ø

b) Wenn die Kassette zurückgespult ist, lösen Sie die REW-Taste und schreiben

    SAVE "POTENZ"

Daraufhin werden Sie aufgefordert, am Recorder die Tasten REC und PLAY gleichzeitig zu drücken. Tun Sie es, und beachten Sie den Bildschirm.

c) Nachdem das Speichern beendet ist (Anzeige READY) lösen Sie die Tasten REC und PLAY (mit der STOP-Taste des Recorders) und erstellen ein zweites Programm:

    1Ø INPUT "FAKTOR 1, FAKTOR 2";A, B
    2Ø ?A*B: GOTO 1Ø

Speichern Sie auch dieses Programm:

    SAVE "PRODUKT"

Nach Beendigung dieses Vorganges löschen wir den Programmspeicher und kontrollieren den Löscherfolg:

    NEW
    LIST

d) Nun spulen Sie die Kassette zurück (Taste REW am Recorder), lösen anschließend die REW-Taste und schreiben dann

    LOAD "PRODUKT"

Wenn nicht nach spätestens 5 Minuten der Ladevorgang abgeschlossen ist, brechen Sie ihn ab (Tasten STOP am Rechner und STOP am Recorder). In diesem Fall wiederholen Sie den Punkt d), und falls das Laden wieder mißlingt, beginnen Sie noch einmal bei Punkt a) und halten sich genau an den vorgeschriebenen Übungsplan.

Ist das Programm geladen, überprüfen Sie den Erfolg mit

    LIST

e) Jetzt soll das andere Programm geladen werden. Überlegen Sie, was dafür zu tun ist.
   Sind Sie auch auf die nachstehende Aktionenfolge gekommen?
   Kassette zurückspulen, REW-Taste lösen, LOAD "POTENZ" schreiben.
   Wenn das Programm "POTENZ" geladen ist, lösen Sie die PLAY-Taste.

f) Schreiben Sie

   15 ?"B HOCH E =";

   Dieses modifizierte Programm soll jetzt zusätzlich zu den beiden anderen gespeichert
   werden. Deshalb muß zunächst die Kassette bis ans Ende des Programms "PRODUKT"
   vorgesetzt werden. Dazu schreiben Sie

   VERIFY

   Nach Aufforderung drücken Sie die PLAY-Taste und warten, bis die Meldungen

   FOUND PRODUKT
   VERIFYING
   VERIFY ERROR
   READY

   erscheinen. Lösen Sie die PLAY-Taste. Versuchen Sie, in Anlehnung an die Übung c)
   das im Speicher befindliche Programm unter dem Namen "POT 2" auf die Kassette zu
   bringen.

8.1 Speichern von Programmen

Der cbm-Rechner betrachtet alle in seinem Programmspeicher stehenden Zeilen als *ein* Programm. Weil daher zu jeder Zeit nur ein Programm bekannt ist, ist ein Programmname zur Unterscheidung von Programmen nicht nötig. Auch wenn wir Programme auf Kassetten speichern, sind Namen nicht erforderlich, selbst dann nicht, wenn mehrere Programme auf einer Kassette stehen. Im Hinblick auf den effektiveren Gebrauch werden wir gespeicherte Programme jedoch grundsätzlich mit Namen versehen. Sie sollten die Namen aber möglichst kurz wählen, damit bei einer Bezugnahme der Schreibaufwand und vor allem das Fehlerrisiko klein bleiben.

Um Schwierigkeiten beim späteren Laden der Programme zu vermeiden, sollten Sie keine Namen verwenden, die komplett mit dem Anfang eines anderen Namens übereinstimmen. Z. B. sind die Namen RUND und RUNDUNG ungünstig, während UND mit jedem der anderen beiden Namen verträglich ist.

> Ein **Programm** wird auf Kassette gespeichert mit SAVE "Name".
>
> Der Name wird auf 16 Zeichen beschränkt.

Nach dem SAVE-Kommando werden Sie aufgefordert, die Tasten REC und PLAY am Recorder zu drücken. Das muß gleichzeitig erfolgen, und beide Tasten müssen einrasten. Voraussetzung für den Erfolg ist, daß bei der Eingabe des SAVE-Kommandos keine der Recorder-Tasten REW, FFWD oder PLAY eingelegt ist, weil der Rechner sonst einen falschen Betriebszustand des Recorders unterstellt. Wir wollen betonen, daß das Programm auch nach dem Speichern, dessen Abschluß durch READY angezeigt wird, im Speicher des Rechners vorhanden ist.

Wenn Sie das SAVE-Kommando gegeben und die geforderten Tasten eingelegt haben, wird die Kassette von der momentanen Position des Schreibkopfes an beschrieben. Das stört nicht, solange Sie stets pro Kassette nur ein Programm aufnehmen und die Kassette vor dem SAVE-Kommando zurückspulen. Es ist jedoch denkbar, daß Ihnen bei fleißiger Programmierung die große Anzahl von Kassetten bald lästig wird.

Wollen Sie mehrere Programme pro Kassette speichern, müssen Sie in der Lage sein, vor einem anstehenden SAVE-Kommando die Kassette bis hinter das letzte darauf befindliche Programm vorzusetzen. Dafür existiert aber kein Spezialbefehl. Man kann jedoch den gewünschten Effekt mit dem VERIFY-Kommando erreichen.

> Mit VERIFY veranlassen Sie, daß das nächste auf der Kassette gefundene und das im Rechner gespeicherte Programm auf völlige Übereinstimmung geprüft werden.
>
> Das Kommando heißt VERIFY.

Sie werden nach dem Kommando aufgefordert, die PLAY-Taste des Recorders zu drücken. Gewöhnen Sie sich an, diese nach erfolgter Prüfung wieder zu lösen; denn sonst wird Ihnen ein geplantes SAVE mißlingen.

Ob die Prüfung Übereinstimmung ergab oder nicht, in jedem Fall ist die Kassette bis hinter das Programmende vorgesetzt worden. Wenn sich auf der Kassette ein weiteres Programm anschließt, wiederholen Sie das VERIFY-Kommando und gelangen damit an das Ende dieses Programms. Auf diese Weise können Sie die Kassette bis hinter das letzte darauf befindliche Programm vorsetzen und das neue Programm dahinter abspeichern. Sie müssen allerdings bei jedem VERIFY genau wissen, ob noch ein Programm folgt; denn sonst läuft die Kassette bis zum Ende durch, und Sie können das aktuelle Programm nicht mehr speichern.

8.2 Laden von Programmen

Ein auf Kassette gespeichertes Programm können Sie in den Programmspeicher Ihres cbm-Rechners laden.

> Das **Ladekommando** heißt
> LOAD ”Name“ bzw. nur LOAD

Sie werden aufgefordert, am Recorder die PLAY-Taste zu drücken. Haben Sie nur LOAD gesagt, wird das erste gefundene Programm genommen. Falls Sie einen Namen angegeben haben, wird die Kassette vorwärts bis zum fraglichen Programm gelesen und dieses geladen. Der Suchprozeß wird als erfolgreich angesehen, sobald der Anfang des gespeicherten Namens und der im LOAD genannte Name identisch sind. Wenn der gespeicherte Name länger ist, werden die hinteren Zeichen ignoriert.

8.3 Bearbeitung von Datenbeständen

Kassetten eignen sich grundsätzlich auch zur Aufnahme von Datenbeständen. Das Ausgabe-kommando PRINT kann so modifiziert werden, daß die Ausgabezeile nicht zum Bildschirm, sondern zum Recorder geschickt und dort gespeichert wird. Entsprechend läßt sich auch mit einem abgewandelten INPUT eine Datenzeile vom Recorder holen.

Bei praktischen Anwendungen geht es jedoch kaum um die Bearbeitung weniger Datenzei-len, sondern es sind größere Datenmengen zu speichern bzw. zu lesen. Dabei macht sich die geringe Arbeitsgeschwindigkeit des Recorders störend bemerkbar. Wer die Möglichkeit hat, sollte deshalb seine Datenbestände auf Disketten führen und diesen Abschnitt übergehen.

Wollen Sie von einem Programm zu einem Datenbestand auf einer Kassette zugreifen (lesen oder schreiben), müssen Sie zuerst einen Übertragungskanal zwischen Rechner und Recor-der einrichten.

> Ein Übertragungskanal zum Recorder wird festgelegt mit
> OPEN k, 1, s,"Name"
> Die Kanalnummer k muß zwischen 1 und 255 liegen.
> Für die Sekundäradresse s sind zulässig
> $\emptyset$ Eingabedatei
> 1 Ausgabedatei
> 2 Ausgabedatei, nach Abschluß der Datei wird eine Bandendemarke (EOT) gesetzt.
> Der Name wird auf 16 Zeichen beschränkt.

Beispiel:

> 25 OPEN 5, 1, 2, "TESTDATEN"

Die OPEN-Anweisung muß ausgeführt werden, bevor in einer PRINT- bzw. INPUT-Anwei-sung auf den Kanal Bezug genommen wird. Je nach Übertragungsrichtung werden Sie auf-gefordert, die Tasten REC und PLAY (Ausgabekanal) oder nur PLAY (Eingabekanal) zu drücken. Im Falle der Ausgabe wird danach sofort, ähnlich wie beim SAVE, eine Dateian-fangs-Information auf die Kassette geschrieben, so daß Sie diese unbedingt vorher richtig positionieren müssen. Beim Lesen wird analog zum LOAD verfahren und die Kassette vor-wärts abgesucht, bis die Datei mit dem im OPEN genannten Namen gefunden wird.

Im Gegensatz zur Ausgabe auf den Bildschirm ist die Fragezeichen-Konvention hier nicht anwendbar.

> Die **Ausgabeanweisung** für den Recorder lautet
> PRINT #k, Liste

Beispiel:

> 50 PRINT #5, A, B$

Die im PRINT angezogene Kanalnummer k muß natürlich auf einen Ausgabekanal verweisen (im OPEN s = 1 oder s = 2). Für die Liste gelten die gleichen Regeln wie in der gewöhnlichen PRINT-Anweisung.

Am Ende eines Programmes mit Ausgabe auf den Recorder sollten Sie den Ausgabekanal ordnungsgemäß schließen.

> Ein Kanal wird geschlossen mit
> CLOSE k

Mit einem solchen CLOSE kann auch ein Eingabekanal geschlossen werden, wenn er nicht mehr benötigt wird.

Sehen wir uns nun an, wie von einer Kassette gelesen wird.

> Die **Eingabeanweisung** für den Recorder lautet
> INPUT #k, Variablenliste.

Dabei ist mit k die Nummer eines Eingabekanals (im Open s = $\emptyset$) gemeint. Die Variablenliste wird nach den gleichen Regeln aufgebaut wie bei der gewöhnlichen INPUT-Anweisung und muß vor allem genau wie dort auf die Struktur der Datensätze abgestimmt sein.

Wenn Sie vom Bildschirm eine Zeile mit mehreren Daten lesen wollen, müssen Sie die Daten durch Kommas trennen und eine INPUT-Anweisung mit entsprechend vielen Variablen ausführen (s. Kapitel 6). Auch mehrere Daten in einem Recorder-Datensatz müssen durch Kommas getrennt sein, wenn sie beim Lesen als getrennte Informationen erkannt werden sollen. Also müssen diese Kommas beim voraufgegangenen Schreiben der Datensätze mit ausgegeben werden, z.B. als String " , ".

Außerdem müssen Sie in die Datei Satztrennzeichen einsetzen, die ein späteres satzweises Lesen ermöglichen.

> Die Ausgabe von CHR$ (13) liefert ein Satztrennzeichen, das später einen Lesebefehl beendet.

8.4 Aufgaben

8-1 Im Recorder möge sich eine Kassette mit einem Programm befinden. Was müssen Sie tun, um den Namen des Programms zu erfahren?

8-2 Auf einer Kassette sollen schon die Programme AKT, ART und AST stehen. Sie wollen ein viertes Programm dahinter speichern: Welche Namen sind dafür ungeeignet?

9 Benutzung der floppy-disk

In diesem Abschnitt wollen wir den Umgang mit der floppy-disk kennenlernen. Da nicht alle lieferbaren Geräte das gleiche Betriebssystem besitzen, galt es für den Autor, sich entweder auf den allen gemeinsamen Teil von Kommandos zu beschränken, oder bei Unterschieden jeweils alle Varianten aufzuführen, oder sich für eine Version des Betriebssystems zu entscheiden. Hier wurde der dritte Weg beschritten und die DOS-Version 2 unterstellt. Falls Ihre Anlage die nachstehend erläuterten Kommandos nicht versteht, sollte es Ihnen jedoch mit Hilfe des Benutzerhandbuches fast immer gelingen, die in diesem Abschnitt aufgeführten Kommandos in die für Ihre DOS-Version erforderliche Form zu übertragen.

Bei den Übungen können Fehlerbedingungen eintreten, die die floppy-disk oder den Rechner blockieren. Halten Sie sich deshalb möglichst exakt an die vorgeschriebenen Anweisungen und beobachten Sie die zwischen den Laufwerken liegende Fehleranzeige der floppy-disk. Wenn diese rot aufleuchtet, betätigen Sie die STOP-Taste des Rechners und schreiben

    ?DS$ RETURN-Taste

Falls das nicht hilft, müssen Sie die floppy-disk und notfalls auch den Rechner aus- und wieder einschalten und die Übungen von Anfang an wiederholen.

Für die Experimente benötigen Sie eine Diskette, auf der keine noch benötigten Informationen stehen sollten. Falls Sie eine neue Diskette verwenden — und nur in diesem Fall!! —, muß diese zuerst sektoriert werden. Schalten Sie Rechner und floppy-disk ein, legen Sie die Diskette in das von vorn gesehen rechte Laufwerk (ovale Öffnung voran, Schrift nach oben), schließen Sie die Klappe und schreiben Sie

    HEADER"TEST",I88,D0

Der Rechner fragt Sie.

    ARE YOU SURE?

worauf Sie mit Y antworten.

Wurde Ihre Diskette schon früher sektoriert, legen Sie sie ins rechte Laufwerk. In beiden Fällen können Sie jetzt mit den Experimenten beginnen.

a) Schreiben Sie

    10?"FLOPPY-TEST"
    DSAVE"@P1"

b) Nachdem das Laufwerk wieder steht, schreiben Sie

```
DIRECTORY DØ
```

Falls Sie eine alte Diskette benutzen, könnten jetzt auf dem Bildschirm viele Zeilen erscheinen. Tippen Sie dann auf die Leertaste, um die Anzeige anzuhalten. Nachdem Sie alles gelesen haben, setzen Sie die Anzeige durch erneutes Tippen der Leertaste fort usw. Haben Sie P1 entdeckt?

c) Geben Sie das Kommando

```
RUN
```

d) Setzen Sie fort mit

```
SCRATCH "P1", DØ
```

und antworten Sie auf ARE YOU SURE mit

```
Y bzw. YES
```

Lassen Sie sich das Inhaltsverzeichnis zeigen.

Wie das geht? Richtig, wie in Übung b).

e) Schreiben Sie jetzt

```
DSAVE"EINS"
2Ø?"MACHT ARBEIT"
DSAVE"ZWEI"
1Ø
3Ø?"SPASS?"
DSAVE"DREI"
```

f) Sehen Sie sich das Inhaltsverzeichnis an und schreiben Sie

```
NEW
RUN
DLOAD"ZWEI"
RUN
DLOAD"DREI"
RUN
DSAVE"EINS"
?DS$
DSAVE"@ZWEI"
```

Prägen Sie sich ein, nach welchem DLOAD die jeweiligen Texte erscheinen.

g) Fahren Sie fort mit

```
NEW
RUN
DLOAD"EINS"
RUN
DLOAD"ZWEI"
RUN
```

9.1 Allgemeine Hinweise

Auf den Disketten können, wie schon auf den Kassetten, Programme und Daten gespeichert werden. Die beiden Speichermedien unterscheiden sich aber in ihrer Organisationsform. Auf Disketten wird ein Inhaltsverzeichnis mit den Namen der gespeicherten Dateien (Programme oder Datenbestände) geführt, wo auch die jeweilige Lage der Datei vermerkt ist. Deshalb muß jede Diskettendatei einen Namen tragen.
Im Gegensatz zu den Kassetten bedürfen neue Kassetten einer Sektorierung (Vorbereitung des Inhaltsverzeichnisses, Aufbringung des Namens und der Identifikation), bevor sie benutzt werden können.

> Das Kommando für die Sektorierung einer Diskette lautet
>
> HEADER"Name",Im,Dn
>
> Als Disketten-Name sind max. 16 Zeichen zugelassen außer *?=,:;
>
> Die Disketten-Identifikation m besteht aus 2 Buchstaben oder Ziffern.
>
> Als Laufwerksnummer n sind $\emptyset$ (rechts) oder 1 (links) zugelassen.

Beachten Sie in Ihrem eigenen Interesse, daß die floppy-disk nicht prüft, ob die Diskette unbespielt ist. Wegen der Tragweite des HEADER-Kommandos werden Sie gefragt:

> ARE YOU SURE?

Wenn Sie mit Y antworten, wird die Diskette aufbereitet. Eventuell vorhanden gewesene Dateien sind danach zerstört.

9.2 Programmarchivierung

Programme oder Datenbestände auf einer Diskette werden über ihren Namen angesprochen. Da sich zu jedem Namen jeweils nur eine Datei auf einer Diskette befinden kann, muß vor einem Speicher-Kommando oft geprüft werden, welche Namen schon vergeben sind.

> Das Inhaltsverzeichnis einer Diskette wird angezeigt mit DIRECTORY Dn bzw.
> DIR Dn (R meint R bei gedrückter SHIFT-Taste)
>
> Die laufende Anzeige eines Inhaltsverzeichnisses kann durch jeweils 1maliges Betätigen der Leertaste gestoppt und fortgesetzt werden.

Insbesondere für die Leser, die schon auf Rechnern der Serien cbm 2$\emptyset\emptyset$1 oder cbm 3$\emptyset\emptyset$1 gearbeitet haben, ist der Hinweis gedacht, daß die Anzeige eines Inhaltsverzeichnisses das momentan im Rechner gespeicherte Programm nicht beeinflußt oder gar zerstört. Man kann sich also getrost das Verzeichnis ansehen und dann das Programm auf die Diskette bringen.
Aufbau und Wirkung des Kommandos zum Speichern eines Programms hängen davon ab, ob der vorgesehene Name auf der angesprochenen Diskette schon existiert.

DSAVE"@Name",Dn
speichert das aktuelle Programm unter dem angegebenen Namen auf der Diskette
in Laufwerk n. Falls dort schon eine Datei gleichen Namens existiert, geht diese
verloren.
DSAVE"Name",Dn
speichert das aktuelle Programm nur, wenn der Name noch nicht im Inhaltsverzeichnis der Diskette in Laufwerk n steht.
Die Angabe
,Dn
darf fehlen, wenn Laufwerk $\emptyset$ gemeint ist.

Soweit in den Merkregeln dieses Abschnitts Kürzel verwendet und nicht erläutert werden,
wie z.B. "Name" und "n" in der vorstehenden Regel, finden Sie die einzuhaltenden Bedingungen in diesem Abschnitt weiter vorne.

Sehen wir uns nun an, wie ein Programm von der floppy-disk in den Rechner gelangt.

DLOAD"Name", Dn
lädt das angesprochene Programm "Name" von der Diskette aus Laufwerk n in den
Rechner; fehlt die Angabe des Laufwerks, wird Laufwerk $\emptyset$ benutzt.

Wollen Sie ein Programm laden und ausführen lassen, können Sie mitunter folgenden Weg
nutzen:

Mit der RUN-Taste wird das erste auf der Diskette in Laufwerk $\emptyset$ befindliche Programm geladen und gestartet.

Im Rahmen der oben (s. 9.1) gesetzten Grenzen haben Sie natürlich völlige Freiheit bei
der Vergabe von Programmnamen. Sie sollten in Ihrem Interesse jedoch möglichst Namen
wählen, die Rückschlüsse auf Leistung und Alter des Programmes zulassen.

Die Entwicklung eines Programmes vollzieht sich normalerweise in mehreren Schritten.
Vergleichbar einer Ahnenkette entstehen im Laufe der Zeit verschiedene Programme, von
denen die neueren i.a. besser sind. Sie haben von vornherein einen größeren Leistungsumfang, oder sie enthalten weniger Fehler. Es ist üblich und dringend anzuraten, niemals nur
die neueste Version zu speichern, sondern mindestens auch den unmittelbaren Vorgänger.
Bei besonders bedeutsamen Programmen hebt man auch weitere Glieder der Ahnenkette
auf.

Hier empfiehlt es sich, die Namensvergabe zu systematisieren, damit man allein anhand
der Namen jüngere und ältere Programme unterscheiden kann. Das können Sie durch
einen Generationenzähler erreichen, den Sie neben einem aufgabenbezogenen Teil im
Namen mitführen, wie z.B. in der Kette TESTPRG 1, TESTPRG 2, TESTPRG 3 usw.
Stattdessen können Sie auch die Namen beibehalten und den Inhalt der Dateien aktuali-
sieren. Falls Sie jeweils einen Vorgänger aufheben, sind dann statt des einfachen Speicherns
sinngemäß folgende Anordnungen zu geben:

Lösche TESTPRGALT.
Benenne TESTPRG um in TESTPRGALT.
Speichere aktuelles Programm als TESTPRG.

Das Löschen und Umbenennen von Dateien wie auch das außerdem mögliche Kopieren erreichen Sie mit folgenden Kommandos.

> Eine **Datei wird gelöscht** mit
> SCRATCH "Name", Dn
> Alle Dateien mit gleichem Namensanfang — hier als „Auf" bezeichnet — werden gelöscht mit
> SCRATCH "Auf*", Dn

Hier wie auch bei den anderen floppy-Kommandos dürfen die Laufwerksangabe „Dn" und das angrenzende Komma fehlen. In diesem Fall wird Laufwerk $\emptyset$ benutzt. Vor dem Löschen fragt der Rechner Sie, ob Sie das Kommando ernst gemeint haben:

ARE YOU SURE?

Falls Sie nun mit Y bzw. YES antworten, wird gelöscht.

Beispiele:

SCRATCH "PP*"
SCRATCH "ALT", D1

Hierdurch werden alle mit PP beginnenden Dateien von der Diskette in Laufwerk $\emptyset$ und die Datei ALT von jener in Laufwerk 1 gelöscht.

> Eine **Datei wird umbenannt** mit
> RENAME "Namealt", Dn TO "Nameneu"

Beispiel:

RENAME "TESTPRG" TO "TESTPRGALT"

Nach diesem Kommando stünde der Name TESTPRG nicht mehr im Inhaltsverzeichnis der Diskette aus Laufwerk $\emptyset$.

> Eine **Datei wird kopiert** mit
> COPY"Namealt",Dn TO "Nameneu",Dm
> Wenn hier die 2. Laufwerksangabe fehlt, wird die 1. übernommen.

Beispiel:

COPY"PROG",D$\emptyset$ TO "PROGRETT",D1

Dieses Kommando gestattet insbesondere, einzelne Programme von einer Diskette auf eine andere zu übertragen. Davon sollte man aus Gründen der Datensicherung von Zeit zu Zeit Gebrauch machen. Verschiedene Gründe können dazu führen, daß eine Diskette nicht mehr fehlerfrei gelesen werden kann. Vermeiden Sie mechanische Beschädigungen. Legen Sie Ihre Disketten aber auch nicht auf das Gehäuse des Druckers oder der floppy-disk, weil dort starke elektromagnetische Felder auftreten und den Disketteninhalt verändern können. Damit sich im Störungsfall Ihr Schaden in Grenzen hält, sollten Sie wesentliche Dateien auf andere Disketten kopieren und diese separat lagern.

9.3 Sequentielle Dateien

Hier erörtern wir den Umgang mit Datenbeständen, deren Datensätze nur der Reihe nach
verarbeitet werden. Zur Erstellung einer solchen Dabei benutzt man PRINT-Anweisungen,
die sich von der gewöhnlichen durch den Verweis auf einen Ausgabekanal unterscheiden.

> Ein Ausgabekanal für die floppy-disk wird eröffnet mit
> DOPEN # k, "Name",W,Dn
> Die Kanalnummer k muß zwischen 1 und 255 liegen.
> Der Name darf bis zu 16 Zeichen enthalten außer *?=,:;
> Vor den eigentlichen Namen darf ein @ gesetzt werden.

Beispiel:

1∅ DOPEN # 4, "@TESTDATEN",W,D1   ●

Wenn im DOPEN kein @ gesetzt ist, darf auf der angesprochenen Diskette noch keine
Datei mit dem benutzten Namen stehen. Wird hingegen das @ eingefügt, wird eine eventuell vorhandene Datei gleichen Namens vom laufenden Programm überschrieben. Wenn
das gewünscht ist, können Sie also auf ein vorhergehendes Löschen (s. Abschnitt 9.2) der
alten Datei verzichten.

Für die Ausgabe von Datensätzen auf eine Diskette wird eine Variante der PRINT-Anweisung benutzt, wobei die Fragezeichen-Konvention nicht gestattet ist.

> Die **Ausgabeanweisung** für die floppy-disk lautet
> PRINT#k, Liste
> worin k die Nummer eines zuvor eröffneten floppy-Ausgabekanals ist.

Die Liste wird nach den gleichen Regeln aufgebaut wie bei der gewöhnlichen PRINT-An-
weisung. Auch die Wirkung der Listentrennzeichen Komma und Semikolon ist unverändert.
Sollen Teile eines Datensatzes später als getrennte Daten gelesen werden, müssen im Daten-
satz an den entsprechenden Stellen Kommas gespeichert sein. Sie sollten daher geeignete
Strings (" , ") in die PRINT-Liste einfügen. Außerdem müssen Sie dafür sorgen, daß in die
Datei Satztrennzeichen gesetzt werden, die ein späteres, satzweises Lesen ermöglichen.

> Die Ausgabe von CHR$(13) auf eine Disketten-Datei liefert ein **Satztrennzeichen**,
> das später einen Lesebefehl beendet.

Beispiel:

33 PRINT #4, X;" , ";Y;CHR$(13);Z;CHR$(13)   ●

Um die mit dieser Anweisung ausgegebenen Zahlen zu gegebener Zeit wieder lesen zu können, muß zuerst ein Lesebefehl mit 2 Variablen ausgeführt werden, der die alten Werte von
X und Y holt, und danach einer mit einer Variablen, der den alten Wert von Z liest.

Die Ausgabe von Daten auf eine Diskette ist nur sinnvoll, wenn man diese Daten auch wieder lesen kann. Dafür ist aber *unverzichtbare* Voraussetzung, daß das Programm, das die
Ausgabedatei erstellt, diese auch ordnungsgemäß abschließt. Erst zu diesem Zeitpunkt erfolgen die Eintragungen in das Inhaltsverzeichnis der Diskette, die für das spätere, erfolg-
reiche Lesen der Daten notwendig sind.

Eine Disketten-Ausgabedatei muß abgeschlossen werden mit
DCLOSE #k
DCLOSE
schließt alle Diskettendateien ab.

Beispiel:

95 DCLOSE #4

Gelegentlich ist von Interesse, in einer sequentiellen Datei hinter dem letzten Satz weitere zu ergänzen. In diesem Fall darf kein DOPEN gegeben werden, weil dann der erste danach geschriebene Satz den Anfang der Datei bilden würde.

Soll eine bestehende sequentielle Datei fortgeschrieben werden, wird anstelle des
DOPEN folgendes Kommando gegeben:
APPEND #k, "Name",Dn

Beispiel:

1∅ APPEND #4, "TESTDATEN",D1

Auch nach APPEND und entsprechenden PRINT #-Kommandos muß die Datei mit einem DCLOSE-Befehl abgeschlossen werden. Anschließend kann sie vom gleichen oder einem anderen Programm gelesen werden. Voraussetzung ist, daß im lesenden Programm zunächst ein Eingabekanal eröffnet wird.

Ein Eingabekanal für die floppy-disk wird eröffnet mit
DOPEN #k, "Name",Dn

Beispiel:

1∅∅ DOPEN #5, "TESTDATEN"

Das Lesen von Disketten-Dateien erfolgt mit einer modifizierten INPUT-Anweisung.

Die Eingabeanweisung für Daten von der floppy-disk lautet
INPUT #k, Liste
Darin ist k die Nummer eines zuvor eröffneten Eingabekanals.

Beispiel:

11∅ INPUT #5,A,B

Dateien werden über ihren Namen identifiziert. Vorausgesetzt, die Diskette wurde inzwischen aus Laufwerk 1 in Laufwerk ∅ umgelegt, würde mit diesem Lesebefehl der erste Satz der in den obigen Beispielen angelegten Datei gelesen, d.h. der seinerzeitige Wert von X stünde jetzt bei A und der von Y bei B.

Auch ein Eingabekanal darf mit DCLOSE #k, z.B. DCLOSE #5, geschlossen werden, wenn er nicht mehr benötigt wird. Erforderlich ist das jedoch nicht, es sei denn, die Zahl offener Kanäle wird zu groß.

9.4 Direktzugriffsdateien

Diesen Abschnitt sollten Sie beim ersten Durcharbeiten des Buches übergehen. Erst wenn
Sie mit der floppy-disk hinreichend vertraut sind und die Textverarbeitung (Kap. 13) beherrschen, verfügen Sie über das hierfür erforderliche Rüstzeug.

Charakteristisch für die sequentiellen Dateien ist, daß ihre Sätze so hintereinander gespeichert sind, wie die entsprechenden PRINT #-Anweisungen nacheinander ausgeführt
wurden. Auch das Lesen solcher Dateien geht nur der Reihe nach. Ganz anders läuft hingegen die Bearbeitung von Direktzugriffsdateien (auch REL-Dateien genannt). Hier wird
jeweils über eine Satznummer gesagt, welcher Satz als nächster geschrieben oder gelesen
werden soll. Insbesondere dürfen beim Schreiben die Satznummern in beliebiger Folge
auftreten, also z. B. zuerst der 5te, dann der 2te und danach der 1te Satz in die Datei eingestellt werden.

Damit immer entsprechend große Lücken für die Sätze verfügbar sind, muß vorab die
(maximale) Länge der Sätze festgelegt werden.

> Eine **Direktzugriffsdatei** wird eröffnet mit
> DOPEN#k,"Name",Ls,Dn
> Die Laufwerksangabe „ ,Dn " darf fehlen.
> Die (maximale) **Satzlänge** s muß zwischen 2 und 254 Zeichen liegen.

Beispiel:

>   1$\emptyset$ DOPEN #7, "DIREKT",L15$\emptyset$ ●

Falls auf dem angesprochenen Laufwerk noch keine REL-Datei "DIREKT" existiert, wird
diese mit der vereinbarten Satzlänge angelegt. Gibt es die Datei schon, muß im DOPEN
die beim früheren Anlegen benutzte Satzlänge aufgeführt sein.

> Bevor ein Dateisatz angesprochen wird, muß ein Satzpointer gesetzt werden:
> RECORD#k,ns,z1
> Die **Satznummer** ns und die Nummer des ersten zu übertragenden Zeichens z1
> werden als Konstante oder als eingeklammerte Variable geschrieben. Die Angabe
> des ersten Zeichens ist nur nötig, wenn es von 1 abweicht.

Beispiel:

>   7$\emptyset$ RECORD#7,(K),15

Diese Anweisung bedeutet, daß beim nächsten INPUT#7 oder PRINT#7 der K-te Satz
vom 15. Zeichen ab übertragen wird.   ●

Weder beim DOPEN noch beim RECORD wird festgelegt, ob ein Lese- oder ein Schreib-
befehl ansteht. Vielmehr darf man sogar die Richtung der Datenübertragung ständig variieren. Allerdings muß sichergestellt sein, daß niemals ein Satz zu lesen versucht wird, der
noch nicht geschrieben wurde. Die Folge wäre ein Programmabbruch. Auf der anderen
Seite darf Sie nicht stören, daß bei der RECORD#-Anweisung für eine neue Satznummer
stets ein Fehler (Nummer 5$\emptyset$) gemeldet wird. Ignorieren Sie diese Meldung.

> Ein- und Ausgabeanweisungen für eine Direktzugriffsdatei haben die Form
> INPUT#k,Liste bzw.
> PRINT#k,Liste

Beispiele:

```
8∅ PRINT#7,W$,CHR$(13)
9∅ RECORD#7,(K):INPUT#7,D$
```

Beim Aufbau der Liste für die PRINT#-Anweisung ist sicherzustellen, daß die geschriebenen Daten später korrekt gelesen werden können. Daher müßte zwischen 2 Zahlen ein Komma gesetzt werden, so daß die Ausgabeliste z.B. nicht nur

```
A;B;CHR$(13)
```

sondern

```
A;",";B;CHR$(13)
```

lauten sollte. Störend bleibt aber auch dann noch, daß die genaue Lage der Daten innerhalb des Satzes nicht bekannt ist. Ein teilweises Lesen von Sätzen unter Benutzung der im RECORD-Kommando vorgesehenen Möglichkeiten ist praktisch undurchführbar.

Um alle Vorteile des Direktzugriffs nutzen zu können, schreibt man am besten ausschließlich Strings. Das bedeutet keine Einschränkung hinsichtlich der Anwendung; denn Zahlen können mittels spezieller Funktionen zuvor in Strings und solche Strings wieder in Zahlen umgewandelt werden (s. Kap. 13). Auf diese Weise läßt sich eine starre Satzstruktur erreichen. Z.B. könnten in einen Satz 10 Teilstrings von je 20 Zeichen eingestellt werden, die jeweils bei Stelle 1, 21, 41 usw. beginnen, so daß das gezielte Herausgreifen einzelner Zahlen (bzw. der entspr. Teilstrings) jederzeit möglich ist.

9.5 Fehlerbehandlung

Bei den Übungen zu diesem Kapitel haben wir auf die Radikalkur zur Überwindung von Fehlerbedingungen in der floppy-disk hingewiesen: das Aus- und Einschalten der gesamten Anlage. Dieses Vorgehen hat jedoch Konsequenzen, die oft nicht akzeptabel sind: Das aktuelle Programm wird zerstört, die Fehlerursache kann nicht erkannt werden, und Datenbestände können verlorengehen.

Ein besserer Weg ist, vom cbm-Rechner her die Fehlerbedingung abzufragen. Nach dieser Abfrage wird die Fehleranzeige der floppy-disk gelöscht und Sie erhalten Gelegenheit, Ihr Programm ordnungsgemäß abzuschließen (DCLOSE für Ausgabedateien geben!) oder gar den Lauf fortzusetzen. Voraussetzung ist, daß Ihr Programm eine entsprechende Routine enthält, damit Sie die Fehlerabfrage ohne Programmänderung bewerkstelligen können.

> Die Disketten-Fehlermeldung wird abgefragt mit
> ?DS$

Es empfiehlt sich, außerhalb des normalen Programmablaufs folgende Anweisungen auf-
zunehmen, wobei Sie natürlich andere Zeilennummern verwenden dürfen.

```
6ØØØØ ?DS$
6ØØØ1 DCLOSE
```

Wenn jetzt die Fehleranzeige an der floppy-disk rot aufleuchtet, können Sie durch Betätigen der STOP-Taste die Kontrolle übernehmen und nach der READY-Anzeige mit
GOTO 6ØØØØ in das vorgenannte Programmstück einsteigen. Nach Ausführung der Zeile
6ØØØØ wird die Fehleranzeige erlöschen. Die Zeile 6ØØØ1 schließt anschließend alle
Dateien.

Wer schon etwas erfahrener ist kann versuchen, durch programmierte Anweisungen ohne
manuellen Eingriff auf floppy-Fehler zu reagieren. Dazu muß zwischen je zwei floppy-
Zugriffen die Fehlermeldung DS$ oder DS eingefragt werden. Dem Benutzerhandbuch
Ihrer floppy-disk können Sie entnehmen, welche Fehlerkennzahlen vorkommen und
was dabei jeweils zu tun ist.

9.6 Aufgaben

9-1   Welche Anweisungen sind erforderlich, bevor mit einem PRINT#-Kommando ein
       Satz auf eine Diskette geschrieben werden kann?

9-2   Wozu dient der Diskettenname?

9-3   Wie können Sie sich das Inhaltsverzeichnis einer Diskette anzeigen lassen? Wie sieht
       der Inhalt des Programmspeichers unmittelbar danach aus?

9-4   Was bewirkt das Kommando
       HEADER"N2Ø", I1Ø, DØ

9-5   Schreiben Sie ein Programm, das die ersten 3 Sätze einer floppy-Datei liest. Der erste
       Satz soll eine, der zweite zwei und der dritte Satz drei Zahlen enthalten. Erstellen Sie
       für den Programmtest folgende Datei: 1 im 1. Satz. 2 und 3 im 2. Satz. 4, 5 und 6
       im 3. Satz.

10 Benutzung des Druckers

Bei vielen Benutzern findet man den Wunsch und oft auch die Notwendigkeit, die Ergebnisse von Programmläufen oder die Programme selber in schriftlicher Form zu erhalten. Wenn Sie zu diesem Benutzerkreis zählen, sollten Sie Ihre Anlage herrichten (Papier einlegen, Verbindungskabel installieren, Stromversorgung für Rechner und Drucker einschalten) und den Gebrauch des Druckers trainieren.

In diesem Kapitel werden wir nur die grundlegenden Möglichkeiten des Druckers ansprechen, zumal diese für die meisten Anwendungen ausreichen. Wenn Sie den hier gebotenen Stoff beherrschen und Drucker-Ausgaben programmieren müssen, die sich damit nicht bewerkstelligen lassen, sollten Sie im Handbuch für Ihren Drucker nachsehen. Je nach Bauart bietet dieser weitere Ausgabevarianten, mit denen Sie Ihr konkretes Problem vielleicht lösen können.

a) Schreiben Sie

```
3Ø T1$ = "CM RADIUS = > FLAECHE ="
4Ø T2$ = "QCM"
5Ø INPUT"RADIUS";R
6Ø PRINT R;T1$, 3.1415926*R*R;T2$
7Ø INPUT"NEU RECHNEN (J EINGEGEBEN)";W$
8Ø IF W$ = "J" THEN 5Ø
RUN
```

Lassen Sie das Programm 2- bis 5-mal durchlaufen und geben Sie dann zur Beendigung ein von J verschiedenes Zeichen ein.

Ergänzen Sie

```
#5,
```

in Zeile 6Ø unmittelbar hinter PRINT und schreiben Sie

```
1Ø OPEN 5,4
```

Lassen Sie das Programm mit den obigen Daten erneut laufen. Betätigen Sie anschließend am Drucker so oft die Taste für den Papiervorschub, bis Sie die Ausgabezeilen beider Programmläufe vergleichen können.

b) Ergänzen Sie

```
, 1:OPEN 6,4, 2
```

hinter der 4 in Zeile 1∅ und fügen Sie noch ein:

```
2∅ PRINT #6,"ZZZ  AAAAAAAAAAAAAAAAAAAAAA  ZZZZZ.99  AAA"
9∅ CLOSE 5:CLOSE 6
```

Lassen Sie dieses Programm ausführen.

c) Um auch den bei Übung b) unterdrückten Teil der Ausgabe zu erhalten, ergänzen Sie hinter dem Anführungszeichen am Ende der Zeilen 3∅ und 4∅ jeweils

```
+ CHR$ (29)
```

Lassen Sie auch dieses Programm mit den obigen Eingabewerten laufen. Registrieren Sie die Unterschiede im Druckbild.

d) Ersetzen Sie in Zeile 2∅ jedes Z durch eine 9 und sehen Sie sich an, wie dadurch die Ausgabe beeinflußt wird.

e) Schreiben Sie jetzt

```
OPEN 7,4:CMD 7
LIST
```

und wenn das Drucken beendet ist

```
PRINT #7
```

10.1 Auflistung von Programmen

Im Abschnitt 4.3 haben wir die Varianten des LIST-Kommandos erörtert, mit denen Teile eines Programms oder ein ganzes Programm auf dem Bildschirm angezeigt werden können. Wie Sie in Übung e) gesehen haben, können LIST-Kommandos so umdirigiert werden, daß die Programmzeilen auf dem Drucker angezeigt werden.

> Die Ausgabe eines LIST-Kommandos wird auf den Drucker gelegt durch
> OPEN k, 4:CMDk
> Darin ist für k eine Zahl zwischen 1 und 255 einzusetzen.
> Die Wirkung dieses Kommandopaares wird aufgehoben durch
> PRINT #k

Das OPEN-Kommando kennen Sie bereits aus Kapitel 8. Es wird gegeben, wenn ein Übertragungskanal zwischen dem Rechner und einem Peripheriegerät eröffnet werden soll. Welches Gerät gemeint ist, wird durch den zweiten Parameter gesagt, hier die 4, die Gerätenummer des Druckers. Durch den Verweis auf den Drucker-Kanal im CMD-Kommando erfolgt das Umlegen der LIST-Ausgabe. Mit den nachfolgenden LIST-Kommandos werden die Programmzeilen solange gedruckt, bis die Wirkung von CMDk durch PRINT#k neutralisiert wird.

10.2 Ausgabe auf den Drucker

Wie bei den anderen Peripheriegeräten muß auch hier ein Ausgabekanal eröffnet sein, ehe die entsprechenden PRINT#-Anweisungen ausgeführt werden dürfen.

> Ein **Ausgabekanal** vom Rechner zum Drucker wird festgelegt mit
> OPEN k, 4, s
> Die Kanalnummer k muß zwischen 1 und 255 liegen.
> Für die Sekundäradresse s sind zulässig:
> 0 normaler Ausdruck
> 1 formatierter Ausdruck

Beispiel:

> 20 OPEN 5, 4, 1

> Die **Ausgabeanweisung** für den Drucker lautet
> PRINT#k, Liste
> worin k die Nummer eines zuvor eröffneten Drucker-Ausgabekanals ist.
> Wenn ein Kanal für formatierte Ausgabe angezogen wird, muß auch eine Formatierung festgelegt worden sein.

Beispiel:

> 40 PRINT#5, X, "DM"

Die Liste wird nach den gleichen Regeln aufgebaut wie bei der gewöhnlichen PRINT-Anweisung. Wie die Übung a) gezeigt hat, sind auch die Ausgabezeilen für Bildschirm und Drukker völlig gleich, wenn ein Ausgabekanal mit Sekundäradresse 0 benutzt wird. (Bei fehlender Sekundäradresse wird hier 0 angenommen.) Für diese Ausgabeform gilt grundsätzlich alles, was in Kapitel 5 über die Ausgabe gesagt wurde.

Anders verhält es sich mit der formatierten Ausgabe. Hier werden die Lage der Datenfelder und die Darstellungsform der Daten durch die Formatierung, auch Maske genannt, festgelegt.

Wer aufwendige Druckerausgaben programmiert und im gleichen Programm noch andere Peripheriegeräte anspricht, läuft Gefahr, die Maximalzahl von 10 gleichzeitig geöffneten Kanälen zu überschreiten. Außerdem empfiehlt sich in jedem Fall das Schließen des Drukker-Ausgabekanals, weil sonst am Programmende unter Umständen der letzte Teil der Ausgabe im Rechner hängenbleibt. Das liegt daran, daß die Ausgabe normalerweise mit Hilfe eines Pufferspeichers abgewickelt wird. Dieser wird nicht nach jeder PRINT-Anweisung zum Drucker übertragen, wohl aber beim Schließen des Ausgabekanals.

> Der **Übertragungskanal** k wird geschlossen mit
> CLOSE k

10.3 Formatierung

Formatierungen werden über einen separaten Kanal an den Drucker übergeben.

> Ein **Formatierungskanal** wird festgelegt mit
> OPEN i, 4, 2
> Die Kanalnummer i muß zwischen 1 und 255 liegen.

Beispiel:

    25 OPEN 6, 4, 2   ●

> Eine **Formatierung** wird definiert durch
> PRINT#i, String
>
> Der String, als Konstante oder Variable, enthält Datenfelder, die durch Leerzeichen
> getrennt sein dürfen.
>
> Mit i wird auf einen Formatierungskanal verwiesen.

Beispiel:

    3Ø PRINT #6, "S9999.9   AAAA"   ●

Wenn eine PRINT#-Anweisung für formatierte Ausgabe ausgeführt wird, muß eine Formatierung definiert und der Formatierungskanal noch geöffnet sein. Im Laufe der Zeit dürfen verschiedene Formatierungen gegeben werden. Dabei muß aber sichergestellt sein, daß die Struktur der tatsächlichen Ausgabeanweisungen und die der aktuellen Formatierung übereinstimmen. Die auszugebenden Werte (Zahlen oder Strings) werden der Reihe nach den Datenfeldern zugeordnet, die im Typ jeweils passen müssen. Überschüssige Datenfelder werden ignoriert. Sind zuwenig Datenfelder vorhanden, wird der Formatierungsstring mehrfach interpretiert.

Beispiele von Datenfeldern haben Sie in Zeile 2Ø der Übungen c) und d) gesehen. Das Feld ZZZ führte zu einer 3stelligen Darstellung des Radius im Ausgabesatz. Aber auch beim Feld 999 erfolgte eine 3stellige Ausgabe, diesmal jedoch ohne führende Nullen. Entsprechendes galt für die Strings und die Abstände zwischen benachbarten Datenfeldern.

> Lage und Länge der Datenfelder im Formatierungsstring und in der Ausgabezeile
> sind identisch.

Das heißt u.a., daß die Länge des Formatierungsstrings die Länge der Ausgabezeile bestimmt. Ist dieser String länger als die Druckerzeile, werden die überschüssigen Zeichen in die nächste Druckerzeile gesetzt.

Lassen Sie uns nun auf die Datenfelder eingehen.

> Ein **String-Datenfeld** wird durch ein oder mehrere A dargestellt.
>
> Jeder tatsächlich auszugebende String muß mit CHR$(29) beendet werden.

Die Notwendigkeit von CHR$(29)(s. Kap. 13) haben die Übungen b) und c) gezeigt. Daneben scheinen noch folgende Hinweise nützlich.

Strings werden linksbündig in das Datenfeld eingestellt und ggf. die überschüssigen Zeichen hinten abgeschnitten. Führende Leerstellen werden ignoriert, es sei denn, sie wurden in Verbindung mit der SHIFT-Taste programmiert. Da das abschließende CHR$ (29) nicht ausgegeben wird, muß dafür im Datenfeld keine Stelle vorgesehen werden.

Bei Datenfeldern für die Ausgabe numerischer Werte haben Sie mehrere Varianten zur Auswahl.

> Jede Stelle eines Datenfeldes für **numerische Ausgabe** kann durch eine 9 definiert werden.
>
> Für das Dezimalzeichen wird ggf. ein Punkt gesetzt.
>
> Im gesamten ganzzahligen Teil darf anstelle der 9 das Z benutzt werden.

Bei Verwendung dieser Codes wird das Vorzeichen der Ausgabewerte ignoriert, es wird also nur der Betrag der Werte gedruckt. Wenn dessen ganzzahliger Teil nicht in das vorgesehene Feld paßt, wird das gesamte für diese Zahl in der Ausgabezeile eingeplante Feld mit Sternen gefüllt. Z und 9 unterscheiden sich darin, daß beim Z-Code jede Stelle im Ausgabefeld bedruckt wird. Bei Bedarf werden führende Nullen eingesetzt. Beim 9-Code hingegen wird der ganzzahlige Teil erst ab der ersten von Null verschiedenen Ziffer gedruckt.

> Zur Ausgabe des **Vorzeichens** darf entweder ein S vor oder ein Minuszeichen hinter ein nach den vorstehenden Regeln gebildetes Datenfeld gesetzt werden.

Bei S wird in der Ausgabe stets das Vorzeichen (+ oder −) vorangestellt, während bei − nur das negative Vorzeichen nachgestellt wird.

Beispiele sind nachstehend aufgeführt.

Ausgabe von 100	− 1	0.19	Datenfeld
**	1		99
**	01	00	ZZ
**.	1.	.	99.
**.	01.	00.	ZZ.
**.*	1.0	.1	99.9
**.*	01.0	00.1	ZZ.9
+**.*	− 1.0	+ .1	S99.9
.	1.0 −	.1	99.9 −

10.4 Aufgaben

10-1 Wenn Sie in ein Programm mit Bildschirmausgabe an den Anfang ein OPEN k, 4 für unformatierte Druckerausgabe und hinter jedes PRINT den Verweis auf den Ausgabekanal (#k,) setzen, erscheint die Ausgabe unverändert auf dem Drucker. Entsprechendes gilt für den Übergang von unformatierter Drucker- auf die Bildschirmausgabe.

Ist diese Aussage wirklich uneingeschränkt richtig, oder sind gewisse Teile der Ausgabe nicht übertragbar?

10-2 Schreiben Sie ein Programm, das in 2 nebeneinanderliegenden Kolonnen Zahlen X
und deren Quadrat ausgibt. Die Zahlen sollen mit 3 Ziffern hinter dem Dezimalpunkt
und bis zu 3 Ziffern vor dem Punkt sowie mit Vorzeichen dargestellt werden. Zwischen den Kolonnen sollen 3 Stellen frei bleiben. Die Kolonnen sollen X bzw. X↑2
als Überschrift erhalten, wobei das X genau über den Punkten stehen soll. Lassen Sie
das Programm mit ca. 10 teils positiven und teils negativen X-Werten laufen.

10-3 Lassen Sie das Programm zu Aufgabe 10-2 (oder ein anderes) ausdrucken.

11 Schleifen

Programmteile, die mehrfach durchlaufen werden, lassen sich mit einer bedingten Sprunganweisung programmieren. In vielen Fällen kann stattdessen die spezielle Schleifenanweisung benutzt werden, die wir uns jetzt ansehen wollen.

a) Schreiben Sie folgendes Programm und notieren Sie die Ergebnisse des Programmlaufs.

```
1∅ K = 2.5
2∅ ?K
5∅ K = K + 1.5:IF K <= 7.5 THEN 2∅
6∅ ?"ENDE"
```

b) Ändern Sie die folgenden Zeilen.

```
1∅ FOR K = 2.5 TO 7.5 STEP 1.5
5∅ NEXT
```

Lassen Sie das geänderte Programm laufen, und vergleichen Sie die Ergebnisse mit denen aus Übung a).

c) Löschen Sie in Zeile 1∅ die Zeichen

```
STEP 1.5
```

Sehen Sie sich an, welchen Einfluß das auf die Leistung des Programms hat.

11.1 Schleifen im Ablaufplan

Bei der Einführung des GOTO-Kommandos haben wir erwähnt, daß es bei einigen Klassen von Programmen sinnvoll ist, vom Ende des Programms wieder an seinen Anfang zu springen. Derartige Schleifen werden hier nicht erörtert. Jetzt geht es darum, einen echten Teil eines Programms mehrfach in Serie zu durchlaufen, d.h. dieses Stück als **Schleife** zu formulieren, und dann in einen anderen Programmteil einzusteigen.

Bild 11.1 zeigt die Darstellung von Schleifen in Ablaufplänen. Der Planausschnitt a stammt aus dem Beispiel des Abschnitts 7.3, den Ausschnitt b finden Sie in Übung a) wieder. Beiden gemeinsam ist, daß die Schleifensteuerung über eine Variable (S bzw. K) erfolgt, deren Wert in der Schleife systematisch verändert wird. Vor der Schleife erhält diese Variable einen Startwert. Am Ende der Schleife wird durch einen Vergleich mit einem Schwellenwert entschieden, ob ein weiterer Durchlauf erfolgen soll.

Der wesentliche Unterschied liegt in der Art, wie die zur Steuerung benutzte Variable verändert wird. Im Fall a werden unterschiedliche, im Fall b gleiche Summanden addiert. Nur

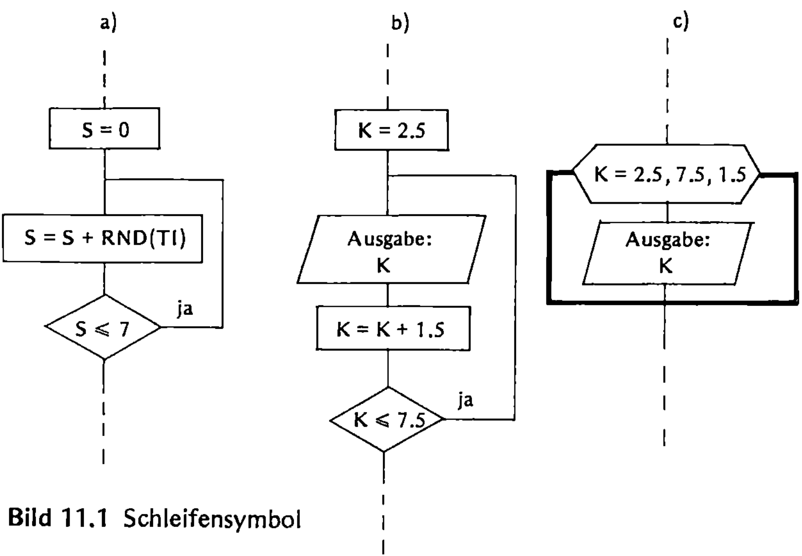

Bild 11.1 Schleifensymbol

für Schleifen der zweiten Art läßt sich die BASIC-Schleifenanweisung verwenden. Da in einem detaillierten Ablaufplan genau festgelegt wird, welche ausführbaren Anweisungen programmiert werden sollen, ist ein Schleifensymbol erforderlich. Wir umschließen die Schleife mit einem stärker gezeichneten Rechteck, in dessen oberen Rand ein flach gestrecktes Sechseck für die Aufnahme der Laufliste gesetzt wird. Dieses recht anschauliche Schleifensymbol wird von zahlreichen EDV-Anwendern benutzt. Es ist mit der DIN 66001, die kein Schleifensymbol kennt, verträglich, während die anderen, in diesem Buch verwendeten Symbole der genannten Norm entstammen. Wie die Schleife aus Fall b mit Hilfe der Schleifensymbolik dargestellt wird, sehen Sie in Bild 11.1, Fall c.

In dem Rahmen, der die Schleife umschließt, sind alle Ablaufplansymbole erlaubt, also dürfen dort insbesondere auch Schleifen auftreten. Beachten Sie, daß die äußere Schleife die innere dabei vollständig umfaßt. Eine nur teilweise Überschneidung von Schleifensymbolen ist unzulässig. Welchen Bedingungen die Laufliste genügen muß, finden Sie im nächsten Abschnitt.

11.2 Schleifenanweisung

Im Ablaufplan werden die Symbole durch einen Rahmen eingegrenzt, die den Inhalt einer Schleife bilden. Eine entsprechende Begrenzung muß auch im Programm vorgenommen werden.

> Der Schleifenanfang wird festgelegt mit
> FOR k = ka TO ke STEP ks
>
> Das Schleifenende wird markiert durch
> NEXT oder NEXT k

> Für k ist eine Variable einzusetzen.
>
> Für ka, ke und ks sind arithmetische Ausdrücke erlaubt.
>
> Wenn mit der Schrittweite 1 gearbeitet werden soll, darf die Angabe STEP ks entfallen.

Der BASIC-Interpreter versteht das Kennwort FOR als Anfang einer Schleife und erwartet dahinter die Laufliste. Außerdem muß zu jeder FOR-Anweisung später eine NEXT-Anweisung auftreten. Ein dadurch eingegrenzter Schleifenbereich wird zunächst einmal durchlaufen, wobei die **Laufvariable** k ihren **Anfangswert** ka trägt. Sodann wird die Laufvariable bei positiver (negativer) **Schrittweite** ks erhöht (verringert): $k = k + ks$. Falls der neue Wert der Laufvariablen noch nicht größer (kleiner) als der **Endwert** ke ist, wird die Schleife erneut durchlaufen. Dieses Wechselspiel von Änderung der Laufvariablen und erneutem Schleifendurchlauf wiederholt sich solange, bis der Endwert überschritten (unterschritten) würde. Einen Punkt wollen wir noch einmal betonen:

> Eine Schleife wird mindestens einmal durchlaufen.

Innerhalb einer Schleife dürfen beliebige Anweisungen auftreten, z.B. wiederum Schleifen, die dann aber vollständig ineinandergeschachtelt sein müssen. Im Falle von 2 Schleifen sieht der BASIC-Interpreter das erste NEXT als Ende der inneren und das zweite als Ende der äußeren Schleife an. Damit ist für ihn die **Schachtelung** korrekt. Falls Sie das Ende in der Form NEXT k programmieren, müssen Sie darauf achten, daß zunächst die innere und dann die äußere Schleife geschlossen wird. Dieses gilt analog, wenn mehr als 2 Schleifen ineinander liegen.

Besondere Sorgfalt ist angebracht, wenn Schleifen und Sprünge zusammentreffen. Verboten ist, in eine Schleife hineinzuspringen. Von außen dürfen Sie nur über die FOR-Anweisung kommen, die Sie auch anspringen dürfen. Soll ein Schleifendurchlauf abgebrochen bzw. zum nächsten Wert der Laufvariablen übergegangen werden, muß das Schleifenende angesprungen (erreicht) werden. Darüber hinaus darf ein Schleifenbereich über einen Sprung verlassen werden.

Falls der Sprung aus einer inneren in eine äußere Schleife führt, müssen die Schleifenenden in der Form NEXT k codiert werden, weil der Interpreter andernfalls die Enden falsch zuordnet. Nach Möglichkeit sollte man solche Sprünge vermeiden. Ein Beispiel am Schluß des nächsten Abschnitts zeigt, wie Sie mitunter auf Sprünge verzichten können.

11.3 Indizierte Variablen

Diesen Abschnitt wollen wir mit der Erörterung eines kleinen Beispiels beginnen.

Problem: Es sollen N Preise P_i gelesen und ihre Summe S berechnet werden. Falls S oberhalb 1000 liegt, sollen alle Einzelpreise und die Summe, andernfalls soll nur die Summe ausgegeben werden. Externe Speicher dürfen nicht verwendet werden.

Falls es nur auf die Berechnung und Ausgabe der Summe S angekommen wäre, hätte man nach dem Ablaufplan a aus Bild 11.2 arbeiten können. In der zentralen Verarbeitungsschleife wird jeweils ein Preis P gelesen und in die Summe S einbezogen. Beim nächsten

Durchlauf wird wieder ein Preis gelesen und ebenfalls auf der Variablen P gespeichert. Dabei wird der alte Wert von P zerstört. Das könnte man in Kauf nehmen, vielmehr wäre es sogar sinnvoll, wenn es nur auf S ankäme.

Um unser Problem zu lösen, dürfen wir die Einzelpreise nicht durch ständiges Überspeichern vergessen. Wir müssen sie mindestens solange alle separat speichern, bis die Gesamtsumme bekannt ist. Folglich müssen wir beim Lesen der Preise lauter verschiedene Speicherplatzbezeichnungen benutzen. Doch wie sollen wir das formulieren, zumal die Anzahl der Preise variabel ist?

Mit unserem derzeitigen Kenntnisstand ist das Problem nicht zu lösen. Wir brauchen eine Speicherzugriffstechnik, bei der die Speicherplatzbezeichnungen vom Programm generiert werden und nicht als Variablennamen starr festgeschrieben sind. Diese Anforderungen lassen sich mit indizierten Variablen befriedigen.

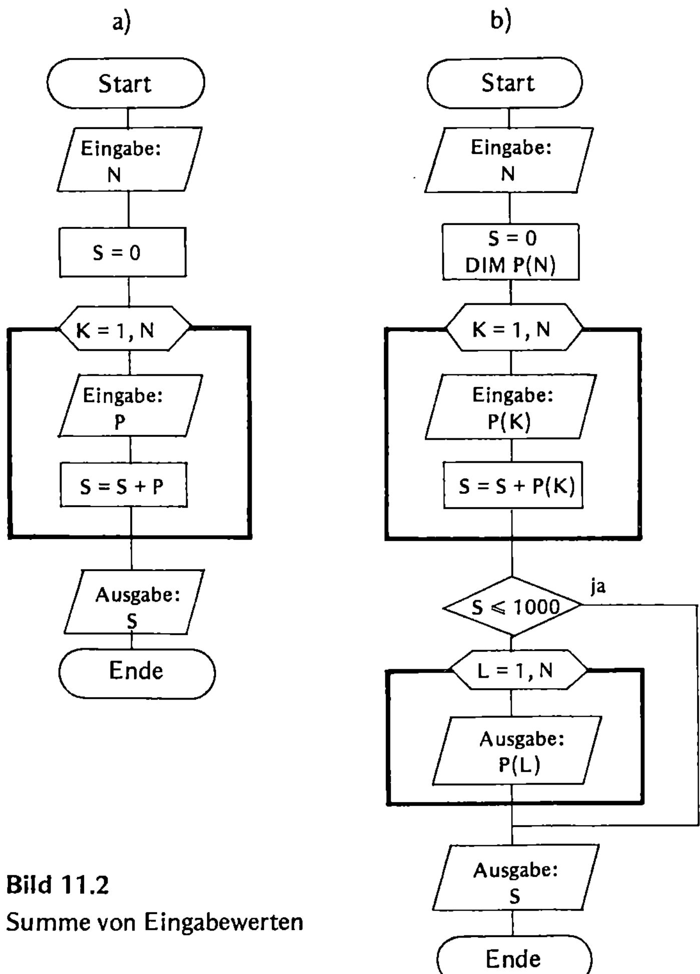

Bild 11.2
Summe von Eingabewerten

> Die Bezeichnung einer **indizierten Variablen** umfaßt einen Namen und eine Indexliste:
> Name (Indexliste)
>
> Der Name wird nach den Regeln für Variablennamen geschrieben.
>
> In der Indexliste stehen einer oder mehrere durch Kommas getrennte Indizes.
>
> Jeder **Index** darf als arithmetischer Ausdruck geschrieben werden.
>
> Der Wert eines Index darf nicht negativ sein, der echt gebrochene Anteil wird ignoriert.

Alle indizierten Variablen mit gleichem Namen bilden einen sog. **Array**. Wenn in der Indexliste jeweils nur ein Index steht, nennt man den Array auch einen Vektor, wenn stets ein Indexpaar auftritt, spricht man von einer Matrix. Das einzelne Element eines Arrays kann eine Zahl (einen String) aufnehmen und genauso verwendet werden wie eine gewöhnliche (String-) Variable. Der Vorteil der indizierten Variablen liegt in der Möglichkeit, während der Programmausführung den Index zu ändern, so daß ein und derselbe Befehl in einem Lauf mit verschiedenen Speicherplätzen arbeiten kann.

Beispiele von indizierten Variablen:

$$A(3)\,|\,AB(5, K, X + 1)\,|\,AB\$(A(2), 7)\,|\,A\,\%\,(2, A) \qquad \bullet$$

Bemerkenswert ist, daß die hier aufgeführten Arraynamen im selben Programm auftreten dürfen, sie vertragen sich auch mit Variablen gleichen Namens, z.B. A, A % oder AB$. Bei gleichen Arraynamen dürfen aber keine Indexlisten verschiedener Struktur benutzt werden, so daß z.B. A(3) und A(4, 5) unverträglich sind.

Lassen Sie uns nun in der Erörterung des am Anfang dieses Abschnittes gestellten Problems fortfahren! Als Schwachstelle hatten wir bereits das Lesen der Preise erkannt. Dort werden wir jetzt eine einfach indizierte Variable verwenden und dafür sorgen, daß sich bei jedem Schleifendurchlauf ein anderer Index ergibt. Das gelingt besonders einfach, wenn wir als Index die Laufvariable nehmen. So erhalten wir schließlich den Plan b aus Bild 11.2.

Mancher Leser wird bei der Ausgabeschleife in diesem Ablaufplan Bedenken haben, ob die Zahlen, die wir auf P(K) gelesen haben, mit P(L) wiedergefunden werden. Machen Sie sich bitte klar, was wir über den Index gesagt haben. Er wird als arithmetischer Ausdruck angesehen, dessen Wert zu ermitteln ist. Der ganzzahlige Teil dieses Wertes dient als tatsächlicher Index. Entscheidend ist daher, daß die Indizes in der Lese- und der Ausgabeschleife die gleiche Zahlenmenge durchlaufen. Ob wir dabei als Index verschiedene Variablen benutzen oder nicht, ist unwichtig.

Wir müssen noch auf die **Speicherung** indizierter Variabler eingehen und können an Bemerkungen aus Kapitel 5 anknüpfen. Dort hatten wir schon gesagt, daß die Variablen in einem bestimmten Speicherbereich angelegt werden. Wenn der BASIC-Interpreter in einer Anweisung einen Variablennamen findet, sieht er in einer Tabelle nach, wo der zugehörige Speicherplatz anfängt. Steht der Name nicht in der Tabelle, wird er ergänzt und ihm eine Platzadresse zugeordnet. Entsprechend verfährt der Interpreter, wenn er auf einen Arraynamen stößt. Allerdings bedarf es hier grundsätzlich einer Absprache darüber, wieviel Speicherplatz dem Array zugeordnet wird. Sie können auf individuelle Vereinbarungen verzichten, wenn Sie die **Standarddimensionierung** übernehmen wollen.

Wenn der BASIC-Interpreter auf eine indizierte Variable aus einem Array trifft, der noch nicht angelegt ist, legt er ihn so an, daß er die Anzahl der Dimensionen aus der aktuellen Indexliste und für jede Dimension als maximalen Index $1\emptyset$ nimmt.

Falls Sie den Indexbereich $[\emptyset, 1\emptyset]$ nie verlassen und damit insbesondere bei mehrfach indizierten Arrays keine große Platzverschwendung verbunden ist, sollten Sie die Standarddimensionierung nutzen. Andernfalls müssen Sie vor der ersten Verwendung den Array individuell anlegen lassen.

Arrays werden angelegt mit

DIM Name (Liste maximaler Indexwerte)

In der Liste wird für jede Dimension der maximale Index in Form eines arithmetischen Ausdrucks festgelegt. Bei 2 oder mehr Dimensionen werden die Angaben durch Kommas getrennt.

Beispiel für Sprünge bei geschachtelten Schleifen.

Wir wollen ein Programmstück erörtern, mit dem die Verteilung von Zufallszahlen auf vorgegebene Intervalle erfaßt wird. Folgende Werte seien bekannt, Arrays seien ausreichend dimensioniert:

M Anzahl der Zahlen
N Anzahl der Grenzen
$X(1) < X(2) < ... < X(N)$ Grenzen

Mit RND(TI) (s. Kapitel 12) können Zufallszahlen erzeugt werden, und für jede soll das Intervall $(X_{i-1}, X_i]$ ermittelt werden, in dem die Zahl liegt.

Bild 11.3 zeigt Ihnen einen Lösungsvorschlag. In der inneren Schleife wird das Intervall gesucht. Ist es gefunden, kann der Eintrag erfolgen und zur nächsten Zufallszahl übergegangen, d.h. die äußere Schleife erneut durchlaufen werden. Falls Sie hier die Schleifenenden nur als NEXT codieren, läuft das Programm falsch; denn nach dem ersten Sprung von Zeile $13\emptyset$ nach Zeile $16\emptyset$ werden keine weiteren Zufallszahlen generiert.

Bild 11.4 zeigt eine Alternativlösung, die ohne Sprünge auskommt. Nachdem das Intervall gefunden und der Eintrag erfolgt ist, wird die Laufvariable der inneren Schleife auf ihren Endwert gesetzt. Deshalb wird diese Schleife anschließend verlassen und die äußere erneut durchlaufen. ●

11.4 Aufgaben

11-1 Schreiben Sie ein Programm, das n liest und n! (sprich: n Fakultät) berechnet. Es ist $n! = 1*2*3 ... *n$.

11-2 Schreiben Sie ein Programm, das m und n liest (n positiv, ganzzahlig) und $\binom{m}{n}$ (sprich: m über n) berechnet.

Es ist $\binom{m}{n} = \dfrac{m*(m-1) ... *(m+1-n)}{1*2 ... *n}$

Anm.: $\binom{49}{6}$ ist die Anzahl verschiedener Lottoreihen.

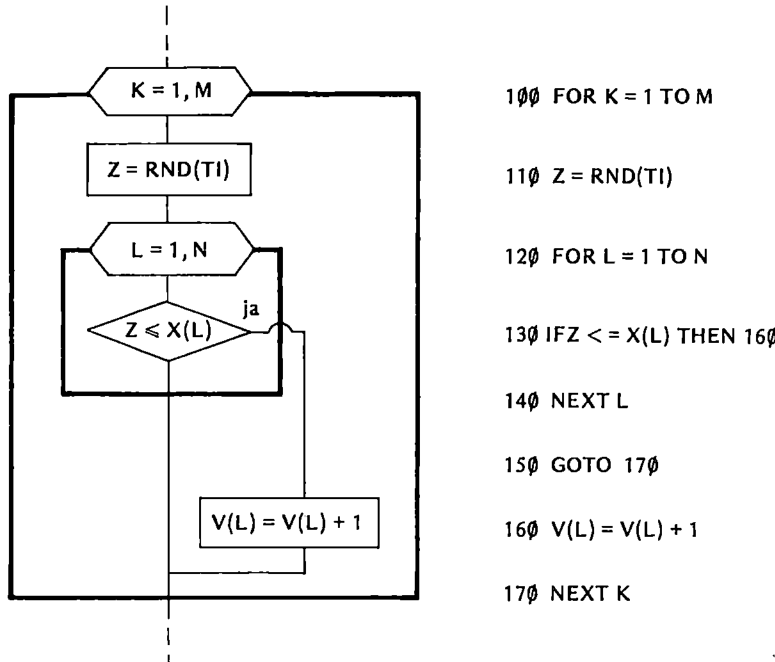


```
1ØØ FOR K = 1 TO M

11Ø Z = RND(TI)

12Ø FOR L = 1 TO N

13Ø IF Z < = X(L) THEN 16Ø

14Ø NEXT L

15Ø GOTO 17Ø

16Ø V(L) = V(L) + 1

17Ø NEXT K
```

Bild 11.3 Verteilung von Zufallszahlen, 1. Version

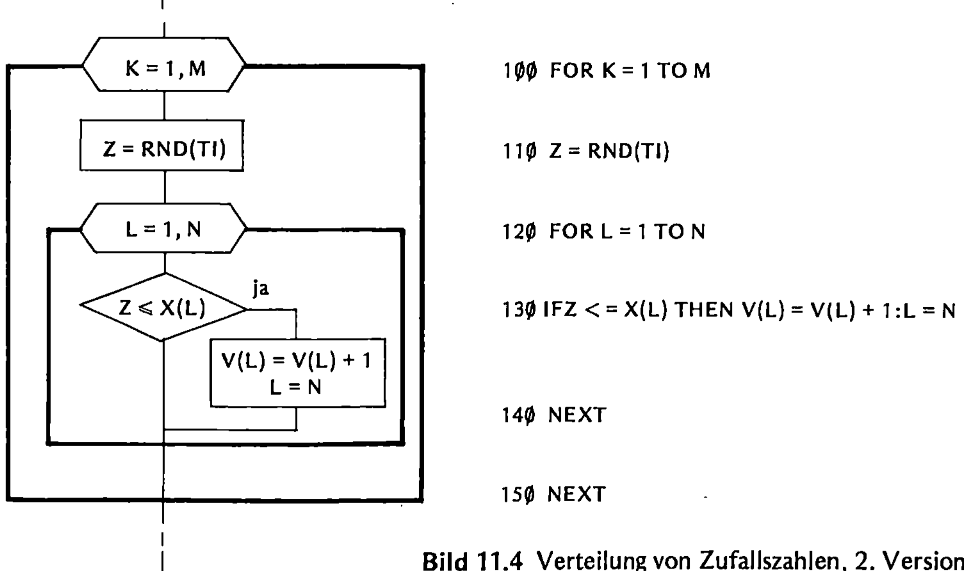


```
1ØØ FOR K = 1 TO M

11Ø Z = RND(TI)

12Ø FOR L = 1 TO N

13Ø IF Z < = X(L) THEN V(L) = V(L) + 1:L = N

14Ø NEXT

15Ø NEXT
```

Bild 11.4 Verteilung von Zufallszahlen, 2. Version

11-3 In Bild 11.1, Teil b und c, sind für positive Schrittweite eine explizite und eine
      FOR ... NEXT-Schleife gegenübergestellt. Geben Sie mit Hilfe der Vorzeichenfunk-
      tion SGN (s. Abschnitt 12.3) eine BASIC-Formulierung der allgemeinen expliziten
      Schleife, die sowohl für positive als auch für negative Schrittweiten genau der FOR ...
      ... NEXT-Schleife entspricht.

11-4 Schreiben Sie ein Programm, das n Punkte der (X, Y)-Ebene liest (Reihenfolge: n, X_1,
      Y_1, X_2, Y_2, ... , X_n, Y_n), und nach X aufsteigend sortiert.

12 Unterprogramme

Wenn Sie mit der Programmierung einer größeren Aufgabe konfrontiert sind, sollten Sie frühzeitig darangehen, die gestellte Aufgabe in Teilaufgaben zu gliedern. Dabei werden Sie oft erleben, daß an verschiedenen Stellen des Gesamtablaufs die gleichen Teilprobleme auftreten. Das legt die Frage nahe, ob es möglich ist, ein solches wiederkehrendes Teilproblem in dem zu erstellenden Programm nur einmal abzuhandeln und das betreffende Programmstück mehrfach zu nutzen. In diesem Kapitel wollen wir uns ansehen, wie weit dieses Vorgehen von cbm-BASIC unterstützt wird.

a) Schreiben Sie

```
1Ø INPUT "A, B"; A, B
2Ø GOSUB 1ØØ
3Ø ?"Z3Ø", A
4Ø INPUT "C, D"; C, D
5Ø GOSUB 1ØØ
6Ø ?"Z6Ø", A
7Ø GOTO 1Ø
1ØØ  IF B < A THEN A = B
11Ø  RETURN
```

Lassen Sie das Programm 2- bis 3mal mit lauter verschiedenen Zahlen durchlaufen. Beenden Sie die Ausführung, ohne das Programm zu zerstören (ggf. in Abschnitt 6.1 nachsehen).

b) Ergänzen Sie die nachfolgende Zeile 45 und lassen Sie das Programm mit den gleichen Zahlen arbeiten wie in Übung a). Notieren Sie dabei die Folge der Eingabe- und Ausgabezeilen.

```
45  A = C: B = D
```

c) Löschen Sie den Programmspeicher und schreiben Sie

```
1Ø  DEFFNTF (X) = ((X − 3)*X + 3)*X − 1
2Ø  INPUT X
3Ø  ?FNTF (X)
4Ø  GOTO 2Ø
```

Lassen Sie das Programm einige Male laufen und geben Sie am besten kleine ganze Zahlen ein.

d) Lassen Sie die Zeile 1Ø unverändert und ersetzen Sie in den Zeilen 2Ø und 3Ø das X jeweils durch ein A. Starten Sie das Programm, und geben Sie die gleichen Zahlen ein wie in Übung c).

e) Ergänzen Sie jetzt

> 15 X = 3

Lassen Sie das Programm mit einem Eingabewert ungleich 3 laufen und überzeugen Sie sich, daß der Inhalt von X nicht verändert wurde. Sehen Sie notfalls in Kapitel 4 nach, wie Sie das kontrollieren.

12.1 Subroutine

In Übung b) haben Sie ein Programm geschrieben, das an 2 Stellen Zahlenpaare liest und jeweils die kleinere der beiden ausgibt. Der Größenvergleich ist aber nur einmal (Zeile 1ØØ) codiert. Diese Zeile ist also nach jedem Lesen ausgeführt worden, was offenbar durch GOSUB 1ØØ erreicht wurde. Hätten wir stattdessen beide Male GOTO 1ØØ geschrieben, wäre ebenfalls nach dem Lesen der Vergleich ausgeführt worden. Wir fragen uns daher, wo der Unterschied zwischen GOTO 1ØØ und GOSUB 1ØØ liegt. Diesen Unterschied erkennen Sie, wenn Sie in Ihr Protokoll der Übung b) schauen. Dort ist ausgewiesen, daß mit verschiedenen Anweisungen ausgegeben wurde. Der Rechner hat sich offenbar gemerkt, von wo er zur Zeile 1ØØ geschickt wurde, und ist jeweils dahin zurückgekehrt. Genau hierin liegt der Nutzen des Subroutine-Aufrufs GOSUB.

Bevor wir eine Subroutine aufrufen, müssen wir jedoch dafür sorgen, daß die Zahlen, die wir in der Subroutine verarbeiten wollen, auf den Plätzen stehen, die in der Subroutine benutzt werden. Deshalb hat in Übung a) die Eingabe von C und D nichts bewirkt. Erst nach Ergänzung der Zeile 45 (Übung b) wurde auch für das Paar C, D die kleinere Zahl bestimmt. Beachten Sie aber bitte, daß durch die erneute Belegung der Plätze A und B deren alter Inhalt verloren geht. Hätten wir diese alten Werte später im Programm noch benutzen wollen, hätten wir sie rechtzeitig auf andere Plätze umspeichern müssen.

Um möglichen Irrtümern vorzubeugen, wollen wir betonen, daß GOSUB und RETURN ein logisch zusammenhängendes Paar von Anweisungen bilden. RETURN wirkt nur, wenn zuvor ein GOSUB erfolgte. Dabei ist durchaus gestattet, von einer Subroutine eine weitere aufzurufen. Der Rechner trägt nämlich bei GOSUB die zugehörige Rückkehradresse in eine Tabelle (von max. 26 Plätzen) ein. Wenn er auf ein RETURN-Kommando stößt, kehrt er zur jüngsten dieser Adressen zurück und streicht sie aus der Liste. Deshalb sollten Sie stets darauf achten, daß die Rückkehr aus einer Subroutine wirklich über RETURN erfolgt, damit die erwähnte Tabelle korrekt geführt wird.

Lassen Sie uns diese Ausführungen in Regeln zusammenfassen:

> Eine **Subroutine**, die bei der Zeile mit der Nummer n beginnt, wird aufgerufen mit GOSUB n
>
> Mit RETURN wird hinter das GOSUB zurückgekehrt, das die betreffende Subroutine aufgerufen hat.
>
> Eine Schachtelung von Subroutine-Aufrufen ist erlaubt bis zu einer maximalen Tiefe von 26.

Ähnlich wie beim berechneten Sprung können von einer Stelle alternativ verschiedene Unterprogramme aufgerufen werden.

> Diese Anweisung hat die Form
> ON a GOSUB n1, n2, ... , nk
>
> Darin sind a ein nicht negativer arithmetischer Ausdruck und n1 bis nk Zeilennummern, bei denen jeweils eine Subroutine beginnt.

Wenn der ganzzahlige Teil von a nicht zwischen 1 und k liegt, wird sofort mit der nächsten Anweisung fortgesetzt. Andernfalls wird vorher zum entsprechenden Unterprogramm verzweigt, d.h. z.B. bei a = 2 nach n2, und nach RETURN die auf ON ... GOSUB folgende Anweisung ausgeführt.

Beispiel für die Verwendung einer Subroutine:

In einem (X, Y)-Koordinatensystem (X-Achse waagerecht) seien n Punkte (X_1, Y_1), ... , (X_n, Y_n) gegeben. Diese sollen spaltenweise aufsteigend sortiert werden, wobei der ganzzahlige Teil der X-Koordinate die Spalten definieren soll.

Wir wollen diese Aufgabe so lösen, daß alle Sortierungen von einem Unterprogramm vorgenommen werden. Deshalb speichern wir die Koordinaten in einer (n,3)-Matrix K:
X in Spalte 1, Y in Spalte 2, [X] in Spalte 3. ([X] bedeutet größte ganze Zahl $\leqslant$ X.)

Auf folgenden Wegen kommt man zum Ziel:

Weg A:

1. Alle Punkte nach [X] sortieren. Danach liegen die Punkte einer Spalte, d.h. mit gleichem [X] hintereinander.

2. Jede dieser Spalten getrennt nach Y sortieren.

Weg B:

1. Alle Punkte nach Y sortieren.

2. Alle Punkte nach [X] sortieren unter Beibehaltung der Vorsortierung aus Schritt 1.

Wir wollen den Weg B realisieren. Bild 12.1 zeigt den entsprechenden Ablaufplan. Die Sortierung läuft so, daß nach dem ersten Durchlauf der äußeren Schleife die kleinste aller Zahlen auf Platz 1 steht, nach dem zweiten Durchlauf die kleinste der restlichen Zahlen (das ist die zweitkleinste von allen) auf Platz 2 usw. Bei jedem Durchlauf ist der auf dem H1-ten Platz stehende Wert mit allen nachfolgenden zu vergleichen, was in der H2-Schleife geschieht. Findet sich auf dem H2-ten Platz ein kleinerer Wert, wird er auf den H1-ten Platz gebracht, und die bis dahin auf den Plätzen von einschließlich H1 bis ausschließlich H2 stehenden Zahlen werden um einen Platz nach hinten verschoben. Diesem Zweck dienen die beiden über L und M laufenden Schleifen.

Das Hauptprogramm, auch MAIN genannt, reduziert sich in unserem Beispiel auf die Datenein- und -ausgabe sowie den zweimaligen Subroutineaufruf. Vor jedem Aufruf muß natürlich noch festgelegt werden, nach welchem Begriff zu sortieren ist. Diesen Ablauf sehen Sie auch in Bild 12.1, während Bild 12.2 die BASIC-Version des gesamten Programms darstellt. ●

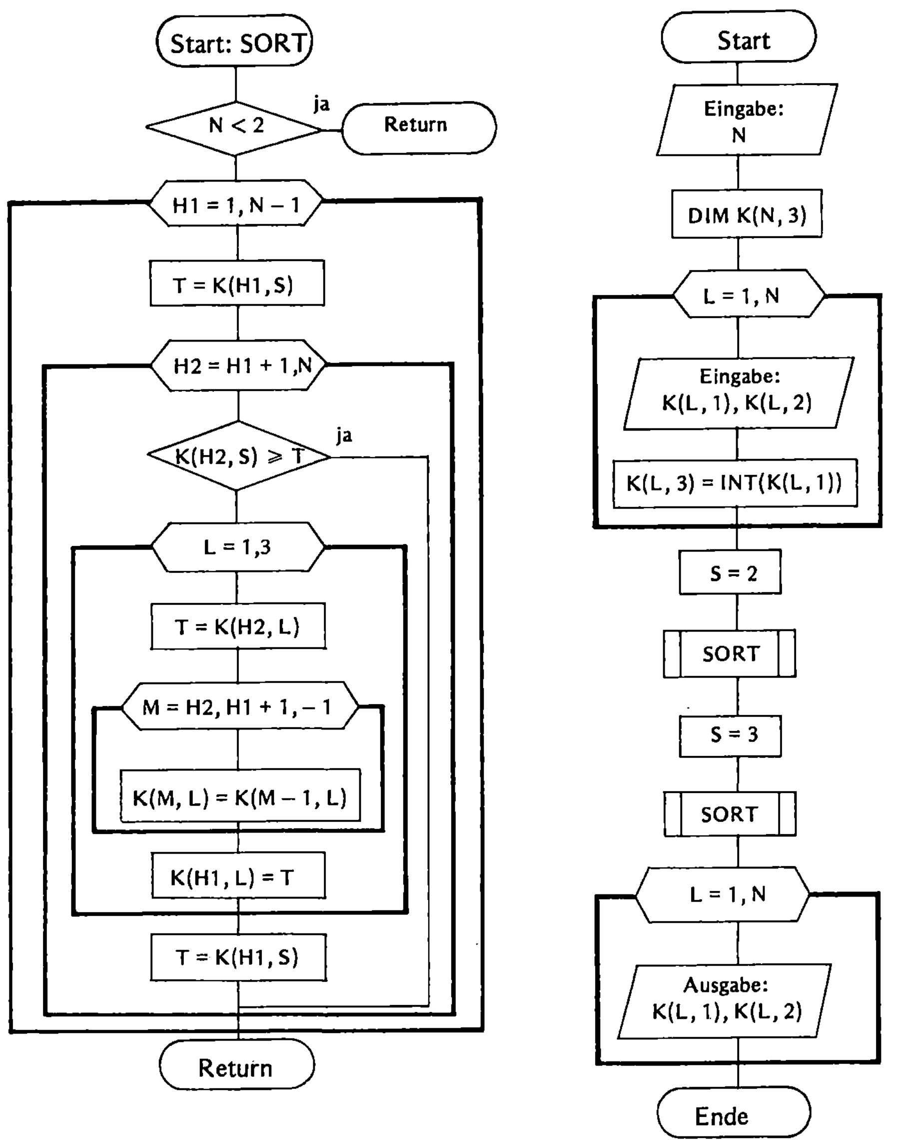

Bild 12.1 Ablaufplan für die spaltenweise Sortierung von Punkten der Ebene

```
READY.

  1 REM SPALTENWEISE SORTIERUNG VON PUNKTEN
  2 REM SPALTE: [ [X],[X]+1 )
 10 INPUT"ANZAHL ",N   DIM K(N,3)
 20 FOR L=1 TO N
 30 INPUT"X,Y ";K(L,1),K(L,2)
 40 K(L,3)=INT(K(L,1))
 50 NEXT
110 S=2 :GOSUB 500   REM SORT NACH Y
120 S=3 :GOSUB 500  :REM SORT NACH [X]
150 FOR L=1 TO N
160 PRINT K(L,1),K(L,2)
170 NEXT
180 END
500 REM        UP SORT NACH SPALTE S
510 IF N<2 THEN RETURN
520 FOR H1=1 TO N-1
530 T=K(H1,S) :REM VERGLEICHSWERT
540 FOR H2=H1+1 TO N
550 IF K(H2,S)>=T THEN650
555 REM   PUNKT H2 VOR PUNKT H1 SETZEN
560 FOR L=1 TO 3
570 T=K(H2,L)
580 FOR M=H2 TO H1+1 STEP -1
590 K(M,L)=K(M-1,L)
600 NEXT
610 K(H1,L)=T
620 NEXT :REM PUNKTE LOKAL NEU GEORDNET
630 T=K(H1,S):REM NEUER VERGLEICHSWERT
650 NEXT
660 NEXT
670 RETURN
READY.
```

Bild 12.2 Programm für die spaltenweise Sortierung von Punkten der Ebene

12.2 Funktion

Mit der Subroutine steht uns ein Weg zur Verfügung, Unterprogramme beliebiger Länge zu formulieren. Falls der Umfang jedoch auf die Berechnung *eines* arithmetischen Ausdrucks beschränkt ist, können wir das Unterprogramm auch als Funktion codieren.

> Eine **Funktion** muß dem BASIC-Interpreter bekannt sein, ehe sie erstmals benutzt wird.
>
> Eine Funktion wird definiert mit
> DEFFNxx (Argument)=arithmetischer Ausdruck
>
> FNxx ist der Funktionsname, wobei für xx der Name einer gewöhnlichen Variablen eingesetzt werden darf.
>
> Das Argument wird als gewöhnliche Variable geschrieben.

Die Reihenfolge hinsichtlich Definition und Aufruf ist hier also anders als bei Subroutinen. Doch auch der **Aufruf einer Funktion** erfolgt anders. Es ist dafür keine eigene Anweisung nötig.

> Eine Funktion wird aufgerufen durch Nennung ihres Namens und des aktuellen Arguments in einem arithmetischen Ausdruck.
>
> Das aktuelle Argument darf ein arithmetischer Ausdruck sein.

Funktionsaufrufe dürfen also überall dort stehen, wo BASIC einen arithmetischen Ausdruck zuläßt: auf der rechten Seite einer Wertzuweisung, in der Liste eines Ausgabekommandos und im aktuellen Argument beim Aufruf einer anderen Funktion. Insbesondere dürfen in dem arithmetischen Ausdruck, mit dem eine Funktion definiert wird, andere Funktionen aufgerufen werden, vorausgesetzt, der BASIC-Interpreter kennt diese anderen Funktionen schon.

Sehen wir uns nun an, wie eine Funktion beim Aufruf mit Zahlen versorgt wird. Falls außer dem Argument weitere Variablen im definierenden Ausdruck stehen, werden deren momentane Werte benutzt. Insoweit haben wir hier die gleiche Situation wie bei einer Subroutine. Anders verhält es sich mit dem Argument.

> Beim Aufruf einer Funktion wird der Wert des aktuellen Arguments ermittelt und im definierenden Ausdruck anstelle des formalen Arguments verwendet.

Beispiele:

```
1Ø DEFFNF(X) = 2*X
2Ø P = FNF (3.5)
```

Hierdurch erhält P den Wert 7.

```
1Ø DEFFNG(T) = 1 + SQR(T)
2Ø T = 2
3Ø Q = FNG(T + 2)
```

Hierdurch erhält Q den Wert 3 (als $1 + \sqrt{4}$).

Bemerkenswert ist, daß im 2. Beispiel nach Ausführung der 3 Zeilen T den Wert 2 trägt, obwohl die Funktion mit dem Argument 4 aufgerufen wurde. Sie kennen diesen Effekt auch schon aus Übung e).

> Ein formales Argument ist nicht identisch mit einer gewöhnlichen Variablen gleichen Namens.

12.3 Mathematische Standardfunktionen

Eine Reihe von Funktionen sind Bestandteil des cbm-BASIC. Diese unterscheiden sich hinsichtlich der Namenskonventionen von den selbst geschriebenen. Beim Aufruf hingegen besteht Übereinstimmung: Als aktuelles Argument ist ein arithmetischer Ausdruck zugelassen. Bild 12.3 zeigt Ihnen, welche mathematischen Funktionen vorhanden sind. Dazu einige Bemerkungen.

Mathematische Schreibweise	BASIC	Bedeutung
|a|	ABS (A)	Betrag
$\arctan \alpha$	ATN (A)	Arcustangens
$\cos \alpha$	COS (A)	Cosinus
e^a	EXP (A)	Exponentialfunktion
[a]	INT (A)	Größte ganze Zahl $\leq a$
$\ln a$	LOG (A)	Natürlicher Logarithmus
	RND (A)	Gleichverteilte Zufallszahl $\epsilon(0,1)$
sgn a	SGN (A)	Signumfunktion
$\sin \alpha$	SIN (A)	Sinus
$\sqrt{a}$	SQR (A)	Quadratwurzel
$\tan \alpha$	TAN (A)	Tangens
Als A ist ein arithmetischer Ausdruck erlaubt.		

Bild 12.3 Mathematische Standardfunktionen

LOG erfordert ein positives Argument, während das von SQR nicht negativ sein darf.

Das Argument von SIN, COS und TAN wird als Winkel im Bogenmaß interpretiert. Das Ergebnis von ATN ist ebenfalls ein Winkel im Bogenmaß und zwar aus dem Intervall $(-\pi/2, \pi/2)$. Der Zusammenhang zwischen einem Winkel im Bogenmaß WB und dem entsprechenden Winkel im Gradmaß WG ist durch folgende Gleichung gegeben:

$$\frac{WB}{\pi} = \frac{WG}{180}$$

SGN kann 3 Werte annehmen:

$$SGN(A) = \begin{cases} -1 \text{ , falls } A < \emptyset \\ \emptyset \text{ , falls } A = \emptyset \\ 1 \text{ , falls } A > \emptyset \end{cases}$$

Mit RND wird ein Zufallszahlengenerator aufgerufen, der über das Argument beeinflußt werden kann. Hierfür empfiehlt sich die Variable TI, weil deren Wert ständig verändert wird.

12.4 Aufgaben

12-1 Aus n Werten $x_1, x_2, \ldots, x_n$ erhält man den Mittelwert $\bar{x}$ und die Varianz v durch

$$\bar{x} = \frac{1}{n} \sum_{k=1}^{n} x_k, \quad v = \frac{1}{n-1} \sum_{k=1}^{n} (x_k - \bar{x})^2$$

Schreiben Sie ein Programm zur Berechnung von Mittelwert und Varianz so, daß beide auftretenden Summen in einem Unterprogramm berechnet werden.

12-2 Zwischen sin x, cos x und tan x bestehen u.a. die Beziehungen

$$\tan x = \frac{\sin x}{\sqrt{1 - (\sin x)^2}}, \quad \tan x = \frac{\sqrt{1 - (\cos x)^2}}{\cos x}$$

Diese lassen sich nutzen, um mit der Funktion ATN z.B. für sin x die Umkehrfunktion arcsin x zu gewinnen, d.h. eine Funktion, die bei Vorgabe des Sinuswertes (etwa auf dem Platz SX) den zugehörigen Winkel im Bogenmaß berechnet. Schreiben Sie je ein Funktionsunterprogramm für arcsin x und arccos x.

13 Textverarbeitung

Bislang haben wir Zeichenketten als nahezu unveränderliche Elemente betrachtet. Wenn wir den Wert einer Stringvariablen ändern wollten, geschah das immer von außen, immer durch eine Eingabeanweisung. Das geht auch anders, wie die folgenden Übungen zeigen.

a) Schreiben Sie

```
?:? CHR$ (77); CHR$ (85); CHR$ (84)
```

Beherzigen Sie das Ergebnis und fahren Sie fort.

b) Schreiben Sie

```
1Ø A$ = "  "
2Ø  FOR K = 1TO7
3Ø  A$ = A$ + CHR$ (64 + K)
4Ø  NEXT
5Ø  ?A$
RUN
```

c) Jetzt wollen wir uns ansehen, was aus einem Nabel werden kann.

```
1Ø AZ$ = "NABEL"
2Ø  H$ = LEFT$ (AZ$, 2)
3Ø  AZ$ = RIGHT$ (H$, 1) + LEFT$ (H$, 1) + AZ$
4Ø  AZ$ = AZ$ + RIGHT$ (AZ$, 1) + LEFT$ (AZ$, 1)
5Ø  ?:? AZ$
RUN
```

Versuchen Sie kurz, die Entstehung des Namens nachzuvollziehen.

13.1 Zeichendarstellung

Ihr cbm-Rechner arbeitet intern rein numerisch. Wenn er trotzdem in der Lage ist, Zeichen und Worte zu speichern und damit zu hantieren, dann nur deshalb, weil jedem zulässigen Zeichen ein Zahlenwert zugeordnet worden ist. Wenn Sie beispielsweise die Buchstaben ABC eintippen, speichert der Rechner dafür 65, 66 und 67 und merkt sich, daß der Inhalt der fraglichen Speicherstellen einen String darstellt. Lassen Sie diesen Inhalt später auf dem Bildschirm zeigen, wird die Zahlenfolge automatisch in die entsprechenden Zeichen umgewandelt: Sie sehen wieder ABC. Dieser Umwandlung liegt der ASCII zugrunde (American Standard Code for Information Interchange).

Mit 2 Funktionen können Sie die **ASCII-Codeumwandlung** direkt veranlassen:

> ASC(A$) liefert die Zahl, die dem ersten Zeichen des Strings A$ entspricht.
>
> CHR$(N) liefert für eine Zahl N zwischen $\emptyset$ und 127 das entsprechende ASCII-Zeichen.

Beispiele:

> ?ASC("1A") zeigt auf uem Bildschirm den Code der Ziffer 1, und das ist 49.
>
> ?CHR$(81) zeigt auf dem Bildschirm ein Q.

13.2 Zahlenumwandlung

In Berechnungen mit gewöhnlichen Variablen arbeitet Ihr Rechner intern mit seiner Standard-Zahlendarstellung. Veranlassen Sie ihn, auf dem Bildschirm eine Zahl auszugeben, wandelt er die interne Form in eine Zeichenfolge um und zeigt diese an. Dabei können neben den Ziffern, dem Buchstaben E und dem Punkt noch das Plus- und Minuszeichen sowie Leerstellen auftreten. Mit Hilfe einer Funktion kann die gleiche Umwandlung einer Zahl in einen String auch im Programm durchgeführt werden

> STR$(A) wandelt den Wert des arithmetischen Ausdrucks A in einen String um.

Beispiel:

> Nach A$ = STR$ (4 * ATN(1)) steht auf A$ der 11-stellige String " 3.14159265".

Entsprechend wird verfahren, wenn die STR$-Funktion mit einem Integer-Argument aufgerufen wird, nur ist dabei der Zahlbereich deutlich kleiner.

Zu STR$ existiert auch eine Umkehrfunktion:

> VAL(S$) wandelt den Anfang des Strings S$ in eine Zahl um, soweit er umwandelbar ist.
>
> Beginnt der String mit einem in Zahlen unzulässigen Zeichen, wird der Wert $\emptyset$ geliefert.

Beispiel:

> VAL ("17/2") hat den Wert 17.

Zulässig sind höchstens die im ersten Absatz dieses Abschnitts aufgeführten Zeichen. Als Basis für die Umwandlung wird eine Folge zulässiger Zeichen aber nur soweit genutzt, wie sie als Zahldarstellung sinnvoll ist. So wird der String z.B. spätestens vom zweiten E ab ignoriert.

13.3 Stringverarbeitung

Neben den bisher erörterten Umwandlungen von Zahlen in Strings und umgekehrt gestattet cbm-BASIC auch die Stringverarbeitung in einem mehr wörtlichen Sinn. Man kann

Strings zu einem gemeinsamen String vereinigen oder einen beliebigen zusammenhängenden Teil eines Strings (als Kopie) herausgreifen.

> A$ + B$ bildet einen String, der in dieser Reihenfolge die Zeichen des Strings A$ und die aus B$ enthält.

Beispiel:

Mit G$ ="GERECHT":M$ ="MUND":S$ = M$ + G$ ergibt sich auf S$ der String "MUNDGERECHT".

Wenn wir hier das gewöhnliche Additionssymbol wiederfinden, heißt das natürlich keinesfalls, daß eine Zahl zu einem String addiert werden könnte. Ebenso unsinnig wäre, Strings mit einem der anderen arithmetischen Operatoren zu verknüpfen.

Um einen Teil aus einem String herauszugreifen, muß man angeben, wieviel Zeichen übertragen werden sollen und wo diese Zeichengruppe im Ausgangsstring liegt. Drei Funktionen stehen zur Verfügung:

> LEFT$(S$, N) liefert die ersten N Zeichen des Strings S$.
>
> MID$(S$, M, N) liefert die beim M-ten Zeichen beginnende Gruppe von N Zeichen aus dem String S$.
>
> RIGHT$(S$, N) liefert die letzten N Zeichen des Strings S$.
>
> N ist eine Zahl zwischen $\emptyset$ und 255, M zwischen 1 und 255.

Beispiele:

> Mit AZ$ = "ANNABELLA" erhält man
> "ANNA" durch LEFT$(AZ$, 4)
> "NABEL" durch MID$(AZ$, 3, 5) und
> "ELLA" durch RIGHT$(AZ$, 4)

Die Positionierung des herauszulösenden Teilstrings erfolgt stets in der eben erklärten Form. Falls dann nicht mehr N Zeichen verfügbar sind, wird der Ergebnisstring entsprechend verkürzt. Diese Situation kann vom Programm erkannt werden; denn es existiert eine Funktion, die die Anzahl der Zeichen eines Strings ermittelt.

> LEN(S$) liefert die Länge des Strings S$

ASC(S$)
CHR$(N)
LEFT$(S$,N)
LEN(S$)
MID$(S$,M, N)
RIGHT$(S$,N)
STR$(A)
VAL(S$)
S$ ist ein String M liegt zwischen 1 und 255 N liegt zwischen $\emptyset$ und 255

Beispiel:
Mit dem obigen AZ$ trägt LEN (AZ$) den Wert 9.

Eine Zusammenstellung der zur Textverarbeitung verfügbaren Funktionen zeigt Bild 13.1.

Bild 13.1
Stringfunktionen

13.4 Aufgaben

13-1 Eine Zahl wird auf dem Bildschirm in halblogarithmischer Form ausgegeben, wenn Ihr Betrag gewisse Grenzen unter- bzw. überschreitet. Wie können Sie ohne Benutzung dieser Grenzen erreichen, daß dann in der Mantisse stets genau 3 Stellen hinter dem Dezimalpunkt stehen?

13-2 Schreiben Sie ein Programm, das einen String liest und die darin enthaltenen verschiedenen Zeichen je einmal auf dem Bildschirm ausgibt. Die Zeichen sollen fortlaufend nebeneinander stehen.

13-3 Ändern Sie das Programm für Aufgabe 13-2 so ab, daß die Zeichen aufsteigend sortiert ausgegeben werden.

14 Demonstrationsbeispiele

Wie in den vorangegangenen Kapiteln wird auch hier in erster Linie das Ziel verfolgt, den Leser zur Entwicklung eigener Programme zu befähigen. Im Vordergrund steht der Demonstrationswert und nicht die vielseitige Verwendbarkeit der Programme. Dennoch wurden diese so aufbereitet, daß sie unmittelbar benutzt werden können.

Bei der Auswahl der Beispiele wurde darauf geachtet, daß Problem und Lösungsweg auch ohne viel Fachwissen aus dem jeweiligen Anwendungsgebiet verstanden werden können. Daher sollten Sie nach Möglichkeit alle Beispiele durcharbeiten und sich nicht auf Ihr Fachgebiet beschränken.

14.1 Lineare Interpolation

Problem: In einem (X, Y)-Koordinatensystem sollen N Punkte (X_i, Y_i), $1 \leqslant i \leqslant N$ gegeben sein mit aufsteigenden X-Werten. Benachbarte Punkte sollen durch eine Strecke verbunden und die Randstrecken als Halbgeraden herausgezogen werden (s. Bild 14.1). Aus diesem Linienzug ist für beliebige Argumente X der zugehörige Funktionswert zu ermitteln.

Dieses Problem stellt sich z.B., wenn mit tabellierten Funktionen gearbeitet wird. Auch für die Auswertung von Meßreihen ist die lineare Interpolation oft ausreichend. Dagegen darf die verabredete Extrapolation in Form der Halbgeraden in Anwendungsfällen nur benutzt werden, wenn die durch den Linienzug angenäherte Funktion tatsächlich ein entsprechendes asymptotisches Verhalten zeigt.

Programme sind selten auf Anhieb fehlerfrei. Vielmehr decken systematische Programmtests gewöhnlich nach und nach die Lücken auf. Im Laufe der Zeit entsteht eine Ahnenkette von Programmen, die immer leistungsfähiger werden (sollten). Wir wollen an diesem Beispiel zeigen, wie die verschiedenen Entwicklungsstufen aussehen könnten.

Lösungsweg: Zuerst werden die N Punkte eingegeben und danach in einer unendlichen Schleife immer abwechselnd ein Argument X gelesen, das zugehörige Y berechnet und X und Y ausgegeben. Um Y berechnen zu können, müssen wir im Regelfall den Index K bestimmen, für den $X(K) \geqslant X$, aber $X(K-1) < X$ ist. Aus der 2-Punkt-Form der Geradengleichung erhalten wir dann

$$Y = G_{X,K} = Y_{K-1} + (Y_K - Y_{K-1}) \frac{X - X_{K-1}}{X_K - X_{K-1}}$$

Bild 14.1, Version a, zeigt einen ersten Entwurf für einen entsprechenden Ablaufplan.

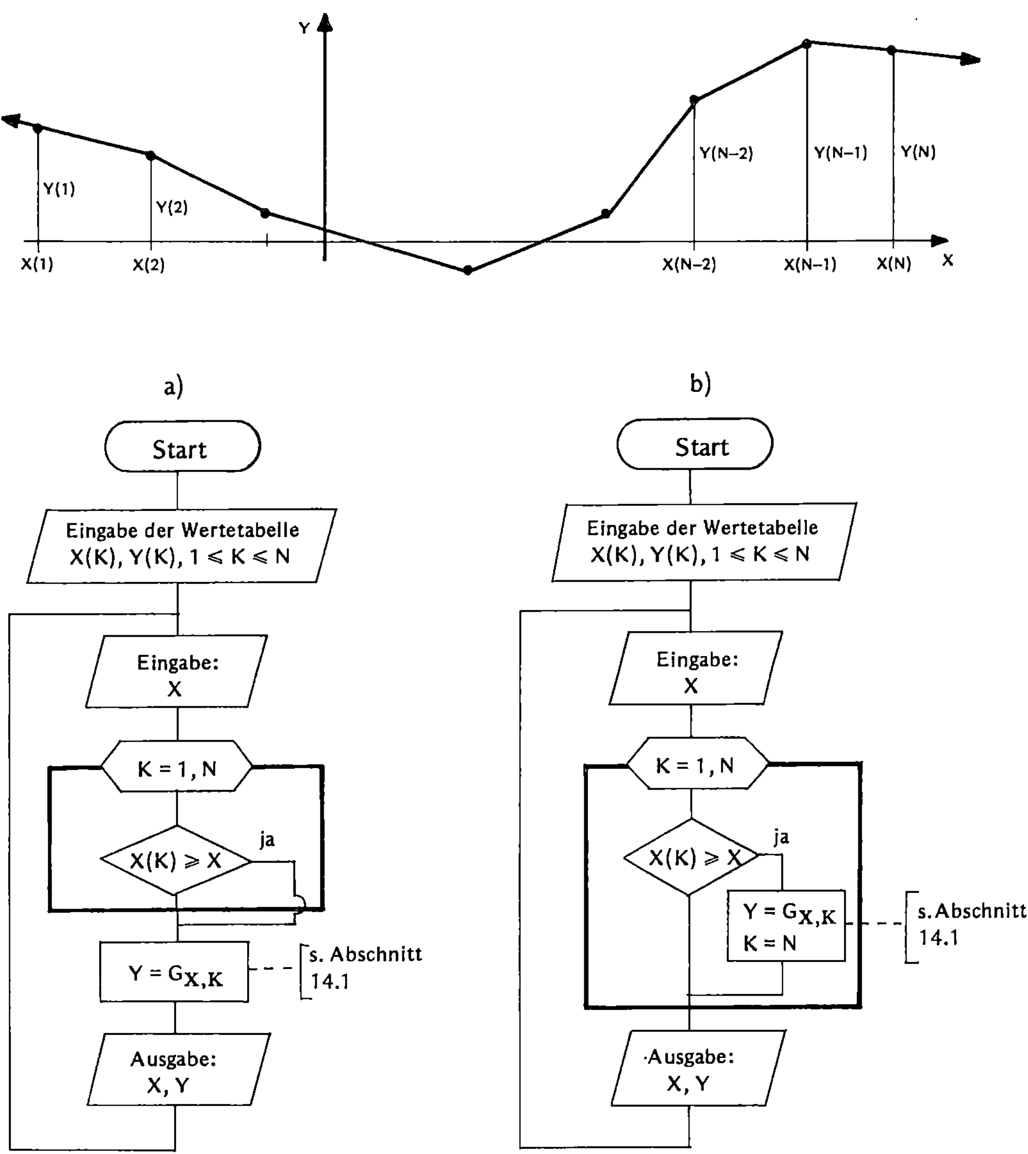

Bild 14.1 Prinzipskizze und Ablaufpläne für die lineare Interpolation

Bei der Ausführung des Programms wird in der Regel auf dem Ja-Ast aus der Schleife herausgesprungen. Der BASIC-Interpreter stößt dann beim nächsten Durchgang wieder auf den Schleifenanfang, ohne zuvor die alte Schleife geschlossen zu haben. Das ist zwar nicht grundsätzlich störend, kann aber mit dem in Bild 14.1, Version b, gezeigten Ablauf leicht vermieden werden.

Der Ablaufplan, Version b, erfüllt die eingangs gestellten Forderungen noch nicht ganz. Versuchen Sie, die verbliebenen Schwachstellen bzw. die Fehler selbständig herauszufinden. Ohne bei der weiter unten angegebenen Lösung nachzusehen, sollten Sie den Plan b in ein BASIC-Programm übertragen und dieses mit einfachen Testdaten überprüfen. Dabei werden sich fast immer die richtigen Werte ergeben, falls Sie bei der Codierung keine Fehler begangen haben.

Ihr Test sollte als Ergebnis bringen, daß im angegebenen Ablaufplan die Fälle $X \leqslant X(1)$ und $X > X(N)$ falsch behandelt werden. Gilt $X \leqslant X(1)$, wird in der Interpolationsformel mit den Indizes $\emptyset$ und 1 gearbeitet, beabsichtigt waren aber 1 und 2. Für $X > X(N)$ wird die Formel gar nicht erreicht, so daß der alte Y-Wert noch einmal erscheint. Gefordert war hingegen die Berechnung mittels der Indexwerte N-1 und N.

Nun gilt es, mit möglichst wenig Aufwand die erkannten Fehler zu beseitigen. Da für $X \leqslant X(1)$ und X zwischen $X(1)$ und $X(2)$ beide Male mit dem Indexpaar 1 und 2 gerechnet werden soll, erübrigt sich der Vergleich von X mit $X(1)$. Daher lassen wir die Schleife erst mit $K = 2$ beginnen. Entsprechend müssen wir verhindern, daß der Vergleich von X mit $X(N)$ Konsequenzen hat, was durch die Erweiterung der Abfrage auf „$X(K) < X$ und $K < N$" gelingt. Diese Bedingung ist für $K = N$ nicht erfüllt, so daß in diesem Fall $(X(N - 1) < X)$ mit den Indexwerten $N - 1$ und N interpoliert wird. Schließlich sollten unsinnige Werte von N, d.h. $N < 2$, zurückgewiesen werden. Wenn Sie Ihr Programm entsprechend abändern, müßte es weitgehend mit der Lösung aus Bild 14.2 übereinstimmen.

```
READY.

10 REM  *** LINEARE INTERPOLATION ***
20 REM PUNKTWEISE GEGEBENER FUNKTIONEN
30 REM
90 REM FUNKTION EINGEBEN
100 INPUT"ANZAHL";N
110 IF N<2 THEN PRINT "ZU KLEIN":GOTO100
120 DIM X(N),Y(N)
130 PRINT "PUNKTE EINGEBEN, X WACHSEND"
140 FOR K=1 TO N
150 INPUT"X,Y";X(K),Y(K)
160 IF K=1 OR X(K)>X(K-1) THEN 180
170 PRINT "X-WERT ZU KLEIN, ABGELEHNT":K=K-1
180 NEXT
200 REM ARGUMENT EINGEBEN, FU.-WERT BERECHNEN
210 INPUT"ARGUMENT";X
220 FOR K=2 TO N
230 IF X(K)<X AND K<N THEN260
240 Y=Y(K-1)+(Y(K)-Y(K-1))*(X-X(K-1))/(X(K)-X(K-1))
250 K=N
260 NEXT
270 PRINT "X=";X,"Y=";Y
280 GOTO 210
READY.
```

Bild 14.2

Programm für lineare Interpolation

14.2 Arcustangens

Problem: Für einen beliebigen Punkt P der (X, Y)-Ebene ist der Winkel zwischen der Strekke von P zum Ursprung und der positiven X-Achse zu ermitteln. P soll durch seine Koordinaten, X und Y, gegeben sein.

Möglicherweise erinnern Sie sich an die Funktion ATN, die ja zu einem bekannten Tangenswert den zugehörigen Winkel im Bogenmaß liefert. Mit dem Aufruf ATN (Y/X) scheint unser Problem gelöst. Da aber die Quotienten $(-Y)/(-X)$ und Y/X den gleichen Wert haben, liefert die ATN-Funktion für den Punkt (X, Y) den gleichen Winkel wie z.B. für den Punkt $(-X, -Y)$, während sich in Wirklichkeit die beiden Richtungen um den Winkel π unterscheiden.

Die Lösung soll als Unterprogramm formuliert werden, damit sie unmittelbar in anderen Programmen verwendet werden kann.

Lösungsweg: Das Unterprogramm ist nur in Verbindung mit einem Hauptprogramm (MAIN) ausführbar. Deshalb müssen wir dieses zusätzlich erstellen und dort alles erledigen, was über den geforderten Leistungsumfang des Unterprogramms hinausgeht. Dazu zählt in erster Linie der Datenaustausch mit dem Benutzer. Daneben lassen wir die Ergebnisse noch von Bogen- in Gradmaß umrechnen, was manchem die Ergebniskontrolle erleichtern wird.

Nun zum Unterprogramm. Als Eingänge verwenden wir die Variablen X und Y, das Ergebnis steht auf A. Dem unsinnigen Fall $X = Y = \emptyset$ schenken wir keine Beachtung, so daß drei Fälle zu behandeln sind. Das soll so geschehen, daß die Ergebnisse in das Intervall $(-\pi, \pi]$ fallen. Dabei ist übliche Konvention, positive Winkel entgegen dem Uhrzeigersinn und negative im Uhrzeigersinn aufzutragen.

$X \neq \emptyset$ und $Y \neq \emptyset$. Bei positivem X liefert ATN den richtigen Wert, während bei negativem X um π korrigiert werden muß. Um das obige Intervall zu treffen, koppeln wir diese Korrektur an das Vorzeichen von Y.

$Y = \emptyset$. Je nach Vorzeichen von X muß sich als Ergebnis $\emptyset$ oder π ergeben, was mit Hilfe der SGN-Funktion einfach codiert werden kann.

$X = \emptyset$. Je nach Vorzeichen von Y muß sich $\pi/2$ oder $-\pi/2$ ergeben, was wiederum mit Hilfe der SGN-Funktion codiert wird.

Bild 14.3 zeigt u.a. das entsprechende Unterprogramm, das in allen Anwendungen benutzt werden sollte, in denen zwischen einer Richtung und der Gegenrichtung unterschieden werden muß.

14.3 Integralberechnung nach Romberg

Problem: Das bestimmte Integral $I = \int_a^b f(x)dx$ soll numerisch berechnet werden. Da I als Flächeninhalt interpretiert werden kann, lassen sich zur Berechnung des Integrals Verfahren verwenden, mit denen ein solcher Inhalt näherungsweise bestimmt wird.

```
READY.

100 REM TEST-MAIN F. ARCTAN
110 INPUT"X,Y";X,Y
120 GOSUB 1000
130 PRINT "WINKEL IN GRAD'";A*180/π
140 GOTO 110
1000 PI=4*ATN(1)'REM *** UP ARCTAN ***
1010 REM EIN X,Y. AUS'A=ARCTAN(Y/X),A LIEGT IN '-π.π]
1020 IF X=0 THEN A=SGN(Y)*PI/2' GOTO1060
1030 IF Y=0 THEN A=(1-SGN(X))/2*PI' GOTO1060
1040 A=ATN(Y/X)
1050 IF X<0 THEN A=A+SGN(Y)*PI
1060 RETURN
READY.
```

Bild 14.3 Arcustangens-Programm

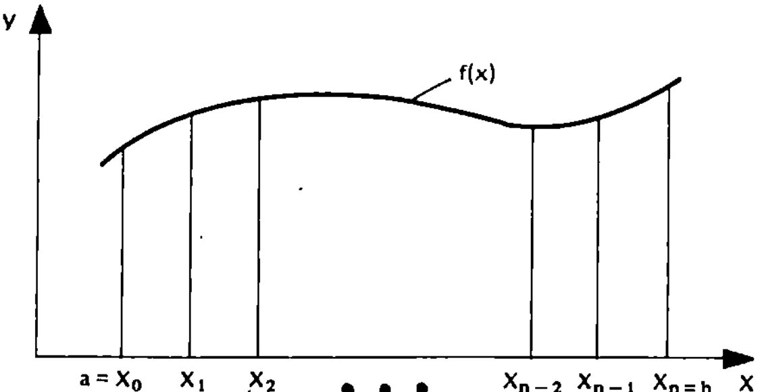
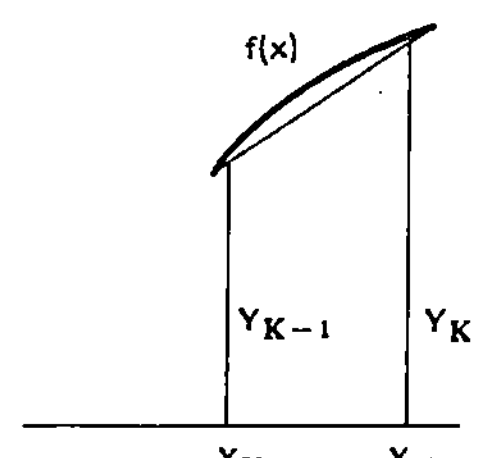

Bild 14.4 Sehnentrapezverfahren zur Integralberechnung

Beim Sehnentrapezverfahren wird das Intervall in n Streifen zerlegt und die Funktion f(x) auf jedem Streifen durch eine Sehne ersetzt, die durch die Ordinaten an den Intervallenden läuft (s. Bild 14.4). Aus programmtechnischen Gründen verwendet man Streifen gleicher Breite h = (b − a)/n und erhält als Näherungswert S für das Integral

$$S_h = h\left(\frac{f(a) + f(b)}{2} + \sum_{i=1}^{n-1} f(a + ih)\right)$$

Aus S_h und $S_{h/2}$ läßt sich nach einer Idee von Romberg (Fehlerbetrachtung mittels Taylorreihen) die bessere Näherung

$$R_{h/2}^{(1)} = \frac{4S_{h/2} - S_h}{3}$$

gewinnen. Nach weiterer Verfeinerung kann man auch diese Verbesserungen weiter vervollkommnen. Für die nächste Stufe gilt

$$R_{h/4}^{(2)} = \frac{16R_{h/4}^{(1)} - R_{h/2}^{(1)}}{15}$$

Bild 14.5
Ablaufplan zur Integralberechnung
nach Romberg

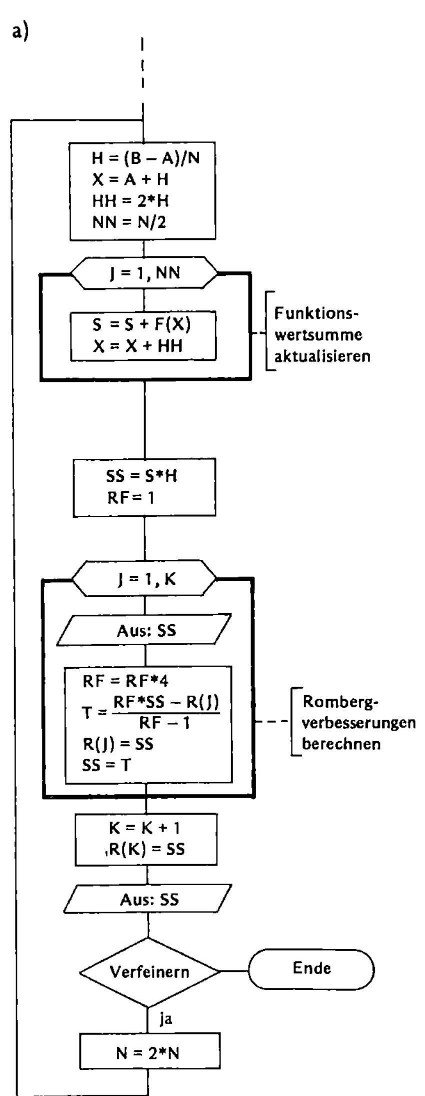

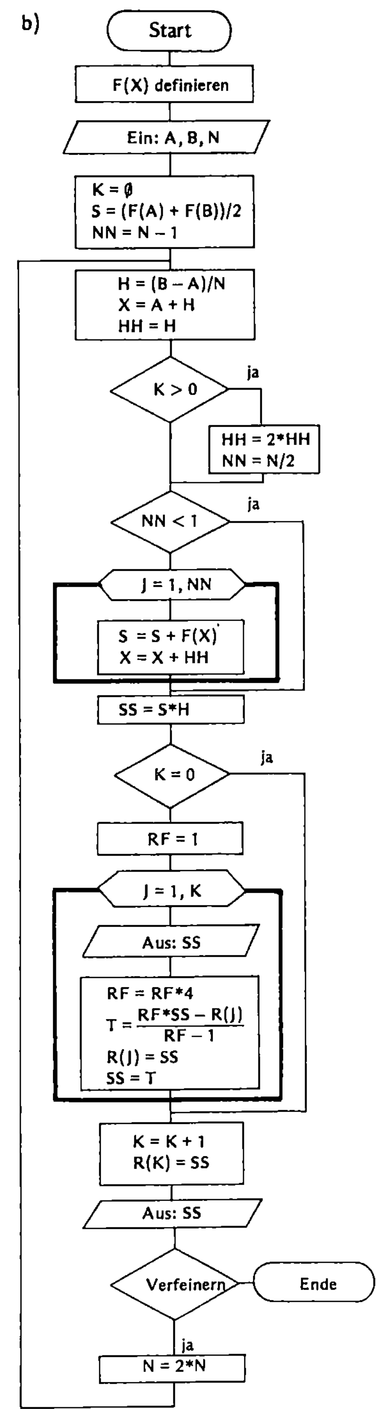

Wir wollen das Programm so aufbauen, daß der Benutzer jeweils entscheidet, ob ein weiterer Durchlauf erfolgen soll.

Lösungsweg: Die zu integrierende Funktion — hier 1 + sin x — schreiben wir als Funktionsunterprogramm und sprechen die Funktion dann nur über ihren Namen an. Dadurch wird das mathematische Verfahren klar von der zu behandelnden Funktion abgegrenzt, so daß die Umstellung des Programms auf eine andere Funktion praktisch kein Risiko bedeutet. Die Grenzen a und b sowie die Streifenzahl n für den ersten Durchlauf lesen wir ein.

Im Berechnungsteil sollten wir beachten, daß nach einer Verfeinerung der Teilung durch die Halbierung der Streifenbreite (bzw. Verdoppelung der Streifenzahl) in der Funktionswertsumme der Sehnentrapezformel alle alten Argumente wieder auftreten: Hinzu kommen die Mitten der bisherigen Streifen. Daher beschränken wir den Funktionsaufruf jeweils auf die neuen Argumente.

Der erste Durchgang stellt also einen Sonderfall dar. Deshalb ignorieren wir ihn vorerst und stellen uns auf den Standpunkt, es seien schon K Durchgänge erfolgt (K > 1). Die Funktionswertsumme nach dem letzten Durchgang soll auf S stehen, die letzte Sehnentrapeznäherung auf R (1) und die Rombergverbesserungen auf R (2), ... R (K). Verstehen wir unter N die Streifenzahl für den aktuellen Durchgang, erhalten wir den in Bild 14.5, Version a, dargestellten Ablaufplanentwurf.

```
READY.

10 REM *** INTEGRALBERECHNUNG NACH ROMBERG ***
20 REM
30 DEFFNF(X)=1+SIN(X) ·REM INDIVIDUELL SETZEN
40 REM
100 PRINT "GRENZEN  A  UND  B  EINGEBEN"
110 INPUT"A,B ";A,B
120 INPUT"ERSTE STREIFENANZAHL ";N
130 IF N<1 THEN120
140 K=0 :NN=N-1 ·S=(FNF(A)+FNF(B))*0.5
150 H=(B-A)/N ·X=A+H ·HH=H ·IF K>0 THENHH=2*HH ·NN=N/2
160 IF NN<1 THEN200
170 FOR J=1 TO NN
180 S=S+FNF(X) :X=X+HH
190 NEXT
200 SS=S*H
210 PRINT·PRINT "SEHNENTRAPEZ-WERT=";
220 IF K=0 THEN300
230 RF=1
240 FOR J=1 TO K
250 PRINT SS
260 RF=RF*4 :T=(RF*SS-R(J))/(RF-1)
270 R(J)=SS ·SS=T
280 PRINT "ROMBERG(",J;")-WERT=";
290 NEXT
300 K=K+1 ·R(K)=SS
310 PRINT SS ·PRINT
320 INPUT"VERFEINERN? DAFUER ZEICHEN  J  EINGEBEN ";J$
330 IF LEFT$(J$,1)<>"J" THEN END
340 N=2*N
350 IF K=10 THEN K=K-1
360 GOTO150
READY.
```

Bild 14.6 Integralberechnung nach Romberg

Jetzt sehen wir uns an, wo dieser Entwurf für den ersten Durchgang modifiziert werden muß. Wir überspringen die Berechnung der Rombergverbesserungen. Für die Berechnung der Funktionswertsumme müssen wir NN und HH so setzen, daß alle zwischen A und B liegenden Teilungspunkte erfaßt werden. Schließlich müssen noch die Eingabe von A, B und N ergänzt und Startwerte für K und S gesetzt werden. Damit ergibt sich der Plan aus Bild 14.5, Version b. Die Codierung dieses Plans finden Sie in Bild 14.6, wobei die Ein- und Ausgabe noch benutzerfreundlich aufbereitet wurde.

14.4 Gemeinsamer Geburtstag

Problem: In einer Menge von 367 Personen befinden sich mit Sicherheit zwei, die ihren Geburtstag am selben Tag feiern. Wenn Sie nun zufällig zusammengesetzte Personengruppen nach Geburtsmonat und -tag befragen, finden Sie ein Paar, das gemeinsam feiern könnte, oft schon nach relativ wenigen Interviews. Dieses statistische Phänomen wird hier in der Form eines Ein-Personen-Spiels vorgestellt.

Lösungsweg: Die Befragung wird mit Hilfe des Zufallszahlengenerators simuliert. Er liefert zuerst eine Zahl aus dem Intervall [1, 12], die als Monat angesehen wird. In Abhängigkeit davon wird das Intervall für die Tage festgelegt, also [1, 29], [1, 30] oder [1, 31] und daraus eine Zufallszahl ermittelt. Falls dieses Zahlenpaar schon einmal vorkam, wird die Befragung beendet, andernfalls wird es gespeichert und der nächste Geburtstag erfragt.

Zu Ihrer Information werden alle Befragungsergebnisse angezeigt. Zuvor werden die Zahlen in einem Unterprogramm in Strings mit 2 Zeichen umgewandelt. Dadurch läßt sich auch mit dem Semikolon als Listentrennzeichen die Ausgabe spaltentreu aufbauen. Das Programm zeigt Ihnen Bild 14.7.

Die Erklärung für die meist erstaunlich kleine Zahl zu befragender Personen setzt Kenntnisse in Wahrscheinlichkeitsrechnung voraus. Wir wollen hier nicht darauf eingehen und verweisen den interessierten Leser auf die entsprechende Fachliteratur.

14.5 Wurf auf ein Tor

Problem: In einer Halle soll ein (punktförmiger) Ball in einem Bogen direkt in ein Tor geworfen werden. Die Breite des Tores bleibt außer Betracht. Auch die Luftreibung wird vernachlässigt.

Das Programm ist als 1-Personen-Spiel formuliert, mit dem Sie Ihr Gespür für die Bewegung im Schwerkraftfeld der Erde prüfen können. Sie müssen einzelne der 6 Parameter variieren, bis das Tor erzielt ist.

Das Programm ist so geschrieben, daß Sie bei jedem Durchlauf beliebige der alten Parameter übernehmen können und nur eingeben müssen, was Sie ändern wollen. Derartige Forderungen treten in vielen Anwendungsproblemen auf, so daß Sie sich die Programmierung des Eingabedialogs ansehen sollten.

```
READY.

 10 REM *** GEMEINSAMER GEBURTSTAG ***
 20 REM
 50 DATA31,29,31,30,31,30,31,31,30,31,30,31
 60 DIM TG(12),M(366),T(366)
 70 FOR K=1 TO 12 READ TG(K)  NEXT
100 PRINT"*** GEMEINSAMER GEBURTSTAG ***":PRINT PRINT
110 PRINT"ZUFAELLIG AUSGEWAEHLTE PERSONEN SOLLEN"
120 PRINT"NACH IHREM GEBURTSTAG (TAG,MONAT) BE="
130 PRINT"FRAGT WERDEN, BIS EIN PAAR MIT GLEICHEM"
140 PRINT"GEBURTSTAG GEFUNDEN WIRD."
150 PRINT"SCHAETZEN SIE DIE ERFORDERLICHE ANZAHL."
160 PRINT PRINT"DER RECHNER SIMULIERT DIE BEFRAGUNG UND"
170 PRINT"BERECHNET DIE GUETE IHRES SCHAETZWERTES." PRINT
200 INPUT"WIEVIEL PERSONEN WIRD ER FRAGEN";V
210 IF V<2 THEN200
220 PRINT"UMFRAGE-ERGEBNIS " PRINT
230 N=0
240 M=1+INT(12*RND(TI))
250 T=1+INT(TG(M)*RND(TI))
253 H=T  GOSUB600 :PRINT H$;".",
256 H=M GOSUB600 :PRINT H$,".   ",
260 IF N=0 THEN300
270 FOR K=1 TO N
280 IF M=M(K) ANDT=T(K) THEN400
290 NEXT
300 N=N+1
310 M(N)=M
320 T(N)=T
330 GOTO240
400 N=N+1
410 PRINT PRINT PRINT"NR";N;"UND NR",K
420 PRINT"HABEN GEMEINSAM GEBURTSTAG."
430 PRINT"SIE HATTEN";V;"PERSONEN VORGEGEBEN"
440 IF V=NTHEN500
450 VN=ABS(V-N)  PRINT"FEHLER ";VN,"PERSONEN BZW.";
460 PRINT INT(200*VN/(V+N));"%"
470 GOTO510
500 PRINT"IHRE VORHERSAGE WAR ALSO RICHTIG"
510 PRINT
520 INPUT"GEBEN SIE E ODER W EIN.(ENDE BZW WEITER)";H$
530 IF H$="W" THEN100
540 IF H$="E" THEN END
550 GOTO520
590 INPUT"
600 H$=STR$(H)
610 H1=LEN(H$)-1
620 H$=RIGHT$(H$,H1)
630 IFH1<2THENH$=" "+H$
640 RETURN
700 END
READY.
```

Bild 14.7 Gemeinsamer Geburtstag

Lösungsweg: Eine Prinzipskizze finden Sie in Bild 14.8. Aus dem Abwurfwinkel A und der Abwurfgeschwindigkeit V erhält man die Geschwindigkeitskomponenten in x- und y-Richtung:

$$V_x = V \cos(A), \quad V_y = V \sin(A)$$

Mit der Erdbeschleunigung g und der Zeit t als Parameter gelten die Bewegungsgesetze

$$x = V_x t, \quad y = HA + V_y t - \frac{gt^2}{2}$$

bzw. nach Entfernung von t

$$y = HA + \frac{V_y}{V_x} X - \frac{g}{2V_x^2} x^2$$

Das ist eine nach unten geöffnete Parabel, deren Scheitelpunkt bei

$$XM = \frac{V_x V_y}{g}, \quad YM = HA + \frac{V_y^2}{2g}$$

liegt. Der Funktionswert bei x = L ist

$$YL = HA + \frac{V_y}{V_x} L - \frac{g}{2V_x^2} L^2$$

Die Stelle eines eventuellen Kontaktes mit dem Hallendach erhalten wir aus der kleineren Lösung von y = HH als

$$XD = \frac{V_x}{g} \left(V_y - \sqrt{V_y^2 - 2g(HH - HA)} \right).$$

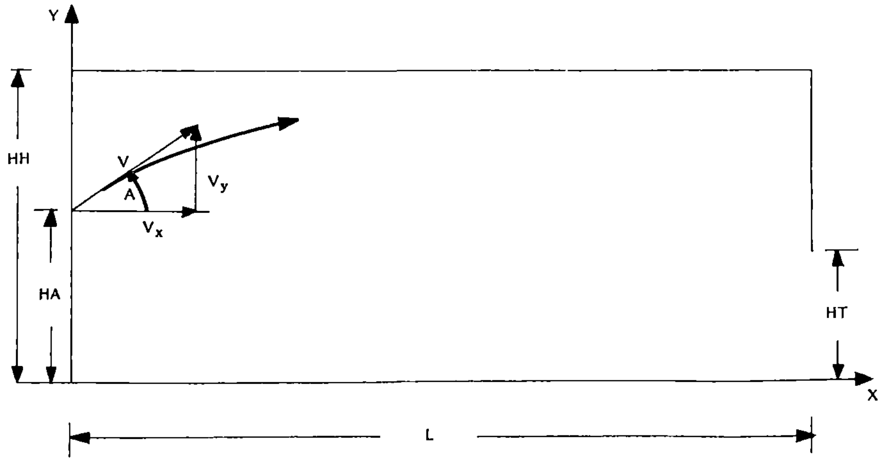

Bild 14.8 Wurf, Prinzipskizze

Bei der größeren Lösung von Y = $\emptyset$ trifft der Ball auf den Boden:

$$XB = \frac{V_x}{g}\left(V_y + \sqrt{V_y^2 + 2gHA}\right)$$

In Bild 14.9, Teil a, finden Sie einen groben Ablaufplan für das Torwurfprogramm. Im Eingabeteil soll der Benutzer jeweils gefragt werden, ob er einen Parameter übernehmen oder einen neuen Wert eingeben will. Im ersten Fall soll er ein nichtnumerisches Zeichen und sonst sofort den Wert eingeben.

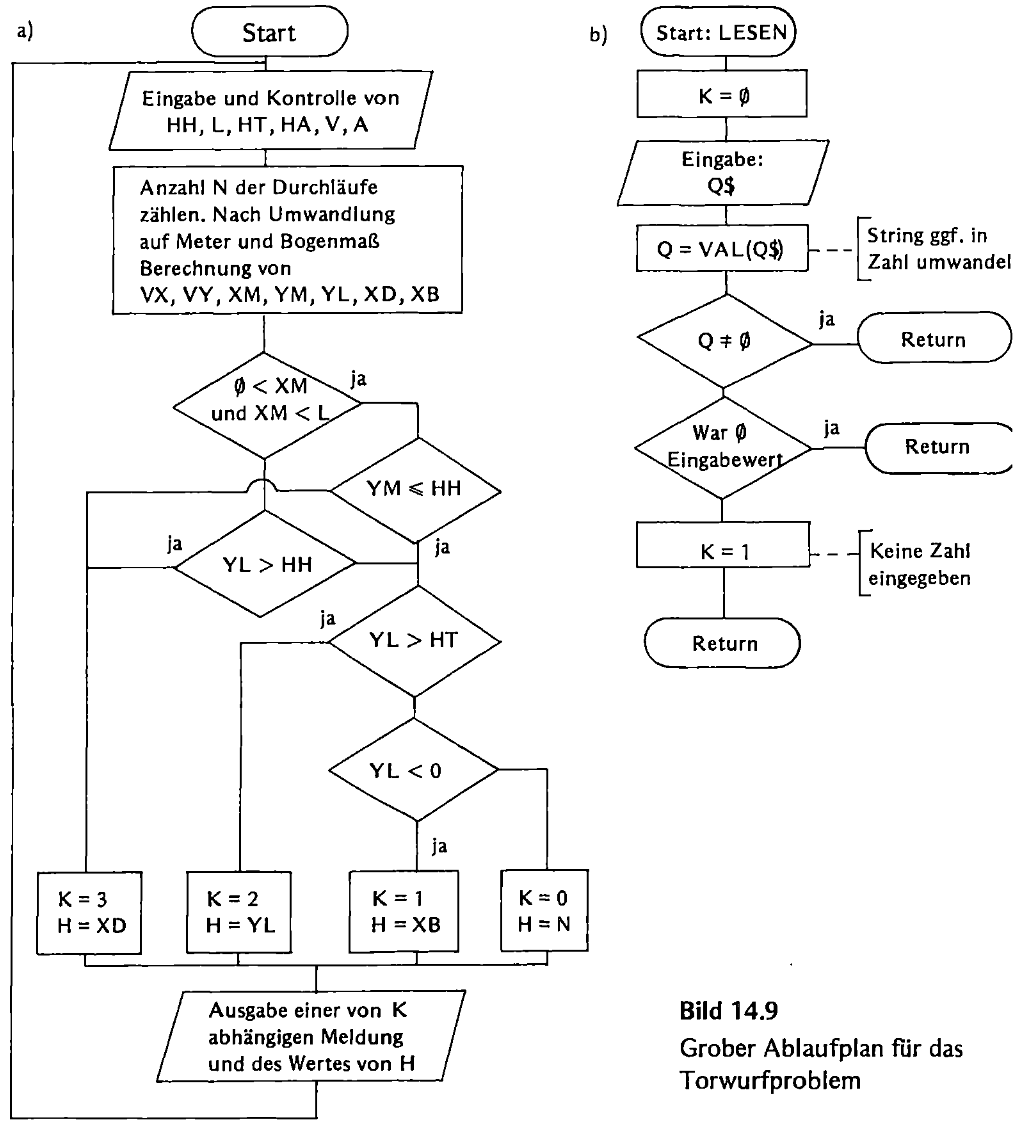

Bild 14.9

Grober Ablaufplan für das Torwurfproblem

Da vom Programm nicht vorhersehbar ist, ob eine Zahl kommt, wird auf eine Stringvariable gelesen und in einem Unterprogramm analysiert, ob eine Zahl (erstes Zeichen eine Ziffer, Plus, Minus oder Punkt) oder sonstige Zeichen eingegeben wurden. Den Ablaufplan für dieses Unterprogramm zeigt Bild 14.9, Teil b.

Im Programm, Bild 14.10, ist als Schutz gegen eine Division durch $\emptyset$ für V der Startwert 1 aufgenommen. Außerdem werden folgende Bedingungen abgeprüft:

$$\emptyset \leqslant HH$$
$$\emptyset \leqslant L$$
$$\emptyset \leqslant HT \leqslant HH$$
$$\emptyset \leqslant HA \leqslant HH$$
$$\emptyset < V$$
$$-9\emptyset < A < 9\emptyset \quad \text{falls} \quad \emptyset < HA$$
$$\text{bzw.} \quad \emptyset \leqslant A < 9\emptyset \quad \text{falls} \quad \emptyset = HA$$

14.6 Einfache Stücklistenauflösung

Problem: In vielen Bereichen unseres Wirtschaftslebens werden Stücklisten benötigt. Soll beispielsweise geprüft werden, ob der Lagerbestand an Einzelteilen ausreicht zur Fertigung verschiedener Baugruppen mit individueller Stückzahl, müssen die Stücklisten der fraglichen Baugruppen aufgelöst werden. In der Stückliste einer Baugruppe steht, aus welchen Bauteilen die Gruppe unmittelbar zusammengesetzt ist. Ein Bauteil kann Einzelteil oder wieder Baugruppe sein. Für diese Baugruppe wäre dann ihre Stückliste heranzuziehen, falls diese erneut Baugruppen ausweist, auch noch deren Stücklisten usw., bis in der gesamten Auflösung nur noch Einzelteile auftreten.

Stücklisten sehen im Prinzip wie folgt aus:

Gruppe H enthält Teil D 1mal
Gruppe K enthält Teil H 3mal und Teil P 4mal
Gruppe P enthält Teil H 6mal und Teil V 3mal

Normalerweise werden diese Daten in einer separaten Datei gespeichert. Um hier den Aufwand zu begrenzen, verzichten wir auf diese Datei und benutzen dafür DATA-Anweisungen.

Mit zunehmender Größe eines Programms ist bei dessen Formulierung auch auf eine klare Struktur zu achten. Hierarchisch angeordnete Unterprogramme, wie sie hier verwendet werden, sind ein Weg zur Erhöhung der Transparenz.

Lösungsweg: Zunächst legen wir die Struktur der Stücklisten-„Datei" fest. Jeder Satz soll 3 Angaben enthalten: Name der Baugruppe; Name eines darin enthaltenen Bauteils; Anzahl, wie oft dieses Bauteil auftritt. Die Sätze müssen nach dem Gruppennamen aufsteigend sortiert sein. Das Dateiende wird durch einen Satz markiert, dessen Gruppen- und Teilname jeweils das Fragezeichen sind. Diese Markierung wurde gewählt, weil bei „echten" Sätzen Gruppen- und Teilname von der Sache her nicht gleich sein können und weil das erste Zeichen (Buchstabe oder Ziffer) jedes „echten" Namens bei der angesprochenen Sor-

```
READY.

10 REM *** WURF AUF EIN TOR IN EINER HALLE ***
40 G=9.81:PI=4*ATN(1)
50 T$(0)="TOOOR!":T$(1)="ZU KURZ!":T$(2)="ZU WEIT!":T$(3)="ZU HOCH!"
60 U$(0)="IM ":V$(0)=".   VERSUCH"
61 U$(1)="BODENKONTAKT NACH":V$(1)="METERN"
62 U$(2)="HOEHE AM TOR WAR":V$(2)="METER"
63 U$(3)="DECKENKONTAKT NACH":V$(3)="METERN"
90 PRINT""
100 REM *** EINGABE-DIALOG, PRUEFUNG ***
110 PRINT:PRINT:PRINT"    *** TORWURF ***"
115 PRINT "ZAHLEN EINGEBEN ODER : (KEINE KORR.)"
120 IF K=0 THEN N=0:REM ZAEHLER NEUTRALISIEREN
125 IF V=0 THEN V=1
130 PRINT:PRINT"HALLENHOEHE    [M] ";HH;" KORR.":GOSUB200:IF K=1 THEN140
132 IF Q<0 THEN PRINT "ZU KLEIN":GOTO130
134 HH=Q:IF HH<HT THEN HT=HH
136 IF HH<HA THEN HA=HH
140 PRINT"TOR-ABSTAND    [M] ";L;" KORR.":GOSUB200:IF K=1 THEN150
142 IF Q<0 THEN PRINT "ZU KLEIN":GOTO140
144 L=Q
150 PRINT"TORHOEHE       [M] ";HT;" KORR.":GOSUB200:IF K=1 THEN 160
152 IF Q<0 THEN PRINT "ZU KLEIN":GOTO150
154 IF Q>HH THEN PRINT "ZU GROSS":GOTO150
156 HT=Q
160 PRINT"ABWURFHOEHE    [M] ";HA;" KORR.":GOSUB200:IF K=1 THEN 170
162 IF Q<0 THEN PRINT "ZU KLEIN":GOTO160
164 IF Q>HH THEN PRINT "ZU GROSS":GOTO160
166 HA=Q
170 PRINT"ABW.GESCHW. [KM/H] ";V;" KORR.":GOSUB200:IF K=1 THEN 180
172 IF Q<=0 THEN PRINT "ZU KLEIN":GOTO170
174 V=Q
180 PRINT"ABW.WINKEL  [GRAD] ";A;" KORR.":GOSUB200:IF K=1 THEN180
182 IF Q<=-90 THEN PRINT "ZU KLEIN":GOTO180
184 IF HA=0 AND Q<0 THEN PRINT "ZU KLEIN":GOTO180
186 IF Q>=90 THEN PRINT "ZU GROSS":GOTO180
188 A=Q
190 GOTO300
200 REM *** UP LESEN ***
205 K=0:INPUT Q$:Q=VAL(Q$)
210 IF Q<>0 THEN RETURN
215 L$=LEFT$(Q$,1)
220 IF L$="0" OR L$="+" OR L$="-" OR L$="." THEN RETURN
225 K=1:RETURN
300 REM *** RECHNEN ***
305 N=N+1:REM ZAEHLT VERSUCHE BIS ZUM ERFOLG
310 B=A*PI/180:VX=V*COS(B)/3.6:VY=V*SIN(B)/3.6
315 XM=VX*VY/G:YL=HA+L*VY/VX-G*L↑2/(2*VX↑2)
320 IF 0<XM AND XM<L THEN335
325 IF YL>HH THEN340
330 GOTO345
335 IF HA+VY↑2/(2*G)<=HH THEN345
340 K=3:H=VX/G*(VY-SQR(VY↑2-2*G*(HH-HA))):GOTO360
345 IF YL>HT THEN K=2:H=YL:GOTO360
350 IF YL<0 THEN K=1:H=VX/G*(VY+SQR(VY↑2+2*G*HA)):GOTO360
355 K=0:H=H
360 PRINT:PRINT T$(K):PRINT U$(K);H;V$(K)
370 GOTO100
READY.
```

Bild 14.10 Torwurf-Programm

tierung vor dem Fragezeichen rangiert. Folgende Sätze bilden dann die Datei mit den 3 oben genannten Stücklisten:

H, D, 1
K, H, 3
K, P, 4
P, H, 6
P, V, 3
?, ?, Ø

Dieses ist nicht die einzig mögliche Reihenfolge. So dürften z.B. die beiden zur Baugruppe K gehörenden Sätze vertauscht werden. Schließlich sei betont, daß bei einer eventuellen Aufnahme weitere Sätze in jedem Fall der Stücklisten-Charakter erhalten bleiben muß. Zyklen wie z.B. Teil A enthält Teil B, Teil B enthält Teil C, Teil C enthält Teil A, sind unsinnig.

Schon bei der Vorstellung des Problems haben wir dargelegt, daß die Auflösung ein mehrstufiger Prozeß ist. Bei jedem Durchgang können neue Gruppen auftreten, die ihrerseits beim nächsten aufgelöst werden. Dieser Prozeß endet aber, wenn die Datei korrekt, d.h. zyklenfrei ist.

Den aktuellen Stand der Auflösung halten wir in 3 Arrays fest, die wir im weiteren als „die Tabelle" bezeichnen:

AA$ Name des Bauteils
AM   Anzahl, wie oft das Bauteil auftritt
AK   Statuskennzahl für das Bauteil

Im Eingabeteil werden Positionen in die Tabelle aufgenommen und als neu gekennzeichnet. Genauso wird im eigentlichen Auflösungsteil verfahren, wenn zu einer Position der Tabelle in der „Datei" eine Stückliste gefunden wurde. Bei den nicht auflösbaren Positionen wird ein Erledigungsvermerk eingetragen.

Wenn das Auflösen bei mindestens einer Position erfolgreich war, ist ein neuer Durchgang erforderlich. Zuvor werden noch die erledigten Positionen gestrichen, die verbleibenden sortiert und gleichnamige zusammengefaßt.

Wir wollen das Programm so aufbauen, daß jedes der Teilprobleme in einem separaten Unterprogramm bearbeitet wird. Die Koordinierung wird vom Hauptprogramm vorgenommen. In Bild 14.11 sehen Sie einen groben Ablaufplan für das Stücklistenauflösungsprogramm, der zugleich die Struktur des Hauptprogramms darstellt. Hier muß nur noch dafür gesorgt werden, daß die „Datei" bei jedem Durchgang von ihrem Anfang an gelesen wird (RESTORE).

Ablaufpläne für die wesentlichen Unterprogramme finden Sie in den Bildern 14.12 und 14.13 und das BASIC-Programm in Bild 14.14.

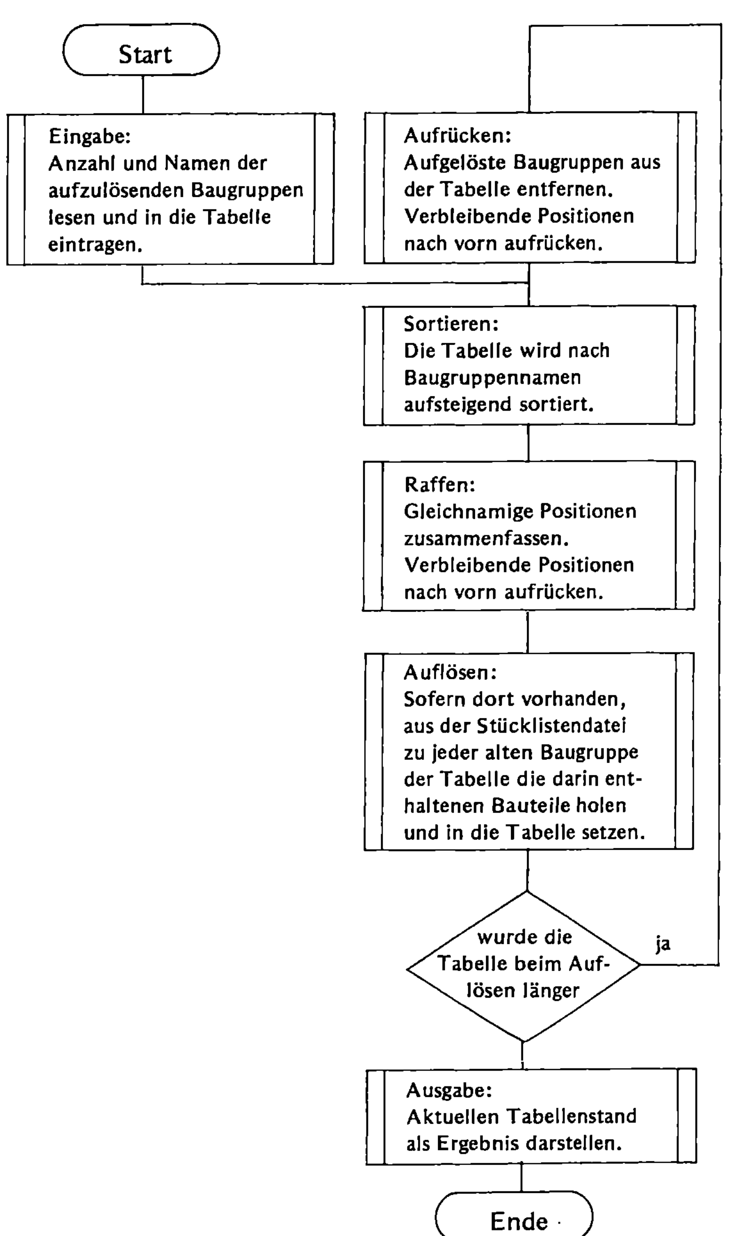

Bild 14.11 Stücklistenauflösung, grober Ablaufplan

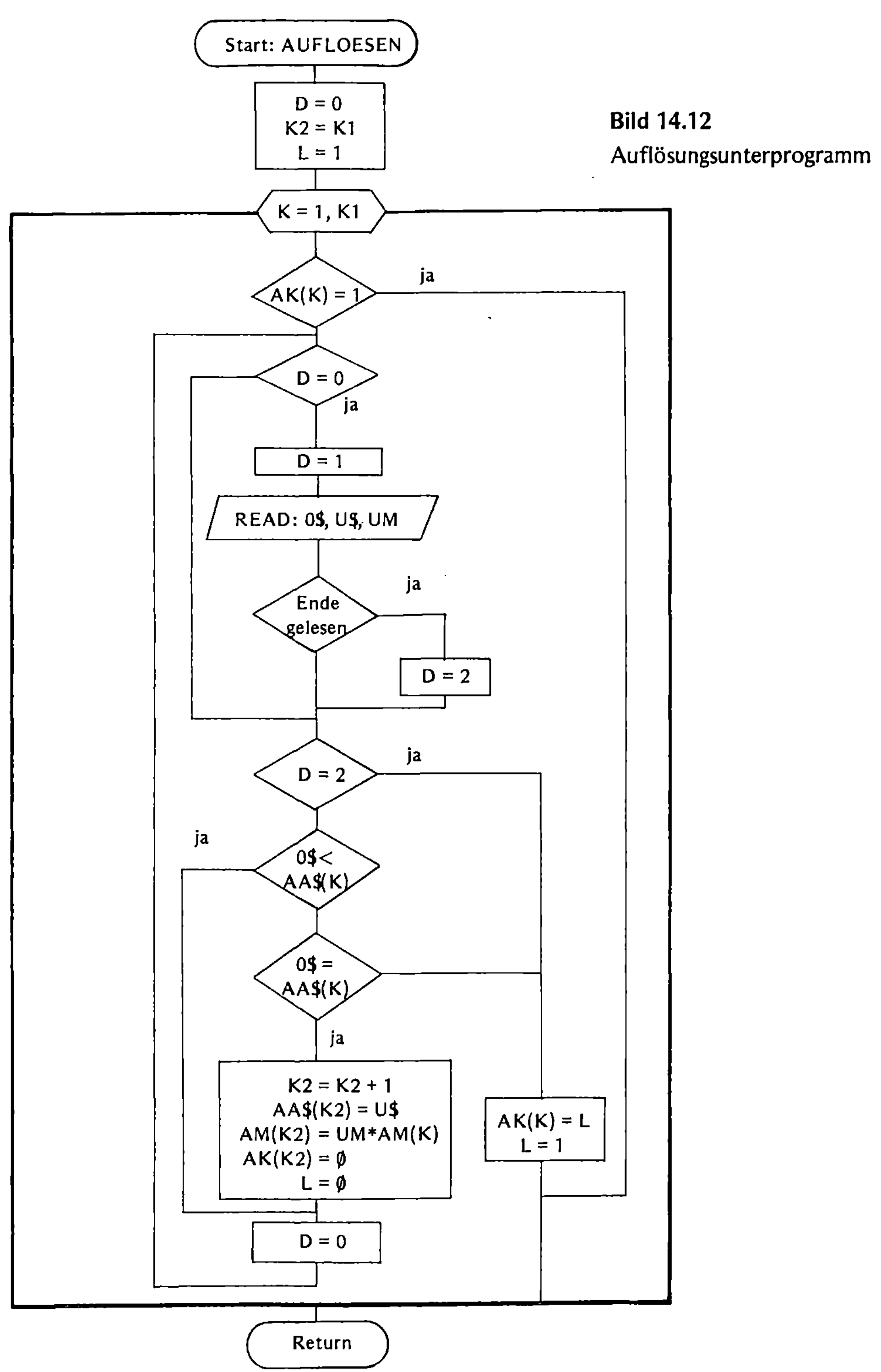

Bild 14.12
Auflösungsunterprogramm

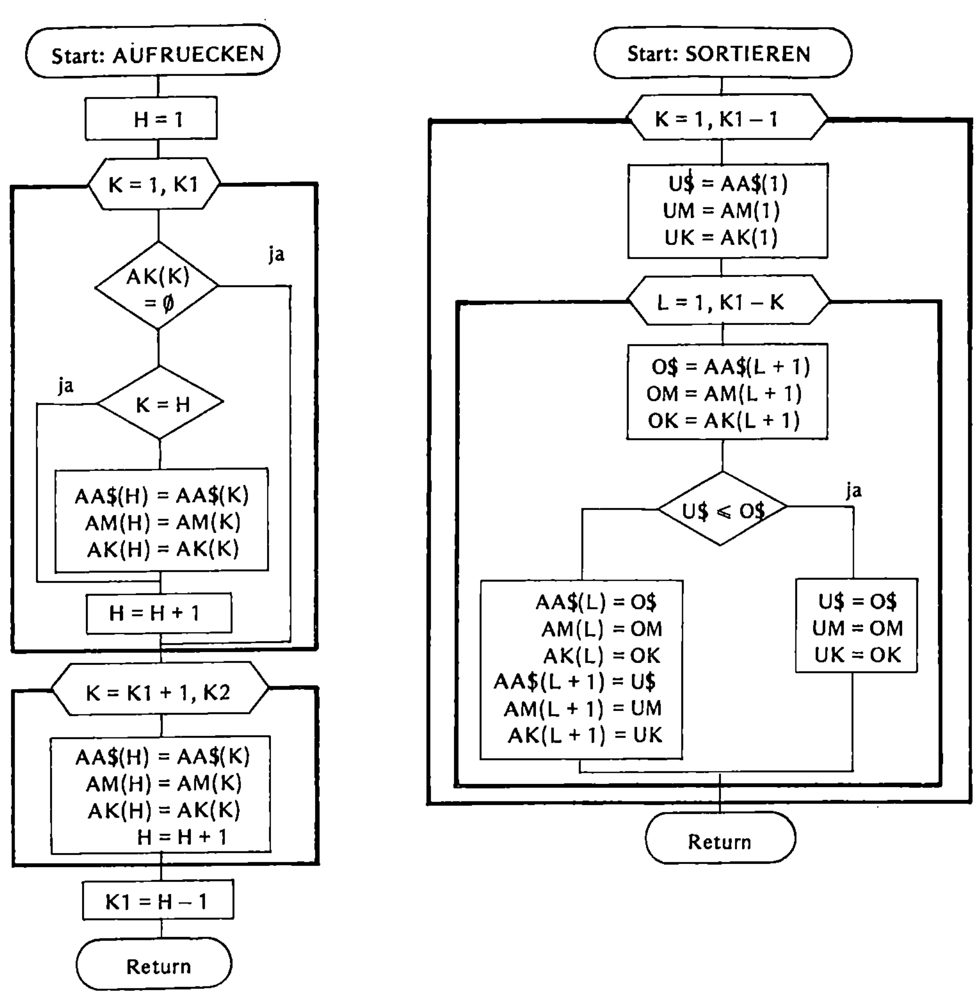

Bild 14.13 Aufbereitung der Arbeitsbereiche für die Stücklistenauflösung

```
READY.

10 REM *** EINFACHE STUECKLISTEN-AUFLOESUNG ***
11 REM
15 REM "STAMMDATEI" FUER TEST MIT DATA ANLEGEN
16 REM
45 DATA H,D,1
50 DATA K,H,3, K,P,4
60 DATA P,H,6, P,V,3
99 DATA ?,?,0
100 REM *** MAIN ***
110 DIM AA$(100),AM(100),AK(100)
120 GOSUB200
129 GOTO140
130 GOSUB300
140 GOSUB400
150 GOSUB500  :PRINT TAB(13);K1;"POS.",TI$
160 GOSUB600  ·RESTORE
169 IF K2>K1 THEN130
170 GOSUB700
180 END
200 REM *** UP EINGABE ***
205 PRINT "⌂"
210 PRINT "GEMEINSAM AUFZULOESENDE BAUGRUPPEN";TAB(40);"EINGEBEN"
215 PRINT "ALS ENDE DER EINGABE·";TAB(40);"ANZAHL=0 ,BELIEBIGE BAUGRUPPE"
220 PRINT
225 K1=0 :UK=0
230 INPUT"ANZAHL, BAUTEIL ";UM,U$
235 IF UM<0 THEN230
240 IF UM>0 THEN K1=K1+1 :Y=K1 ·GOSUB920 :GOTO230
250 PRINT:PRINT"AUFGELOEST WERDEN" ·PRINT "ANZAHL","BAUGRUPPE"
255 IF K1=0 THEN210
260 FOR K=1 TO K1:PRINT AM(K),AA$(K)  NEXT
270 RETURN
300 REM *** UP AUFRUECKEN ***
310 H=1
320 FOR K=1 TO K1
325 IF AK(K)=0 THEN345
330 IF K=H THEN340
335 X=K ·Y=H :GOSUB910
340 H=H+1
345 NEXT
360 FOR K=K1+1 TO K2
365 X=K :Y=H :GOSUB910
370 H=H+1
375 NEXT
380 K1=H-1
390 RETURN
400 REM ***UP SORTIEREN ***
405 IF K1<2 THEN RETURN
410 FOR K=1 TO K1+1
415 X=1 ·GOSUB950
420 FOR L=1 TO K1-K
425 X=L+1 :GOSUB960
430 IF U$<=O$ THEN GOSUB940  GOTO445
435 Y=L :GOSUB930
440 Y=L+1 ·GOSUB920
445 NEXT
450 NEXT
460 RETURN
500 REM *** UP RAFFEN ***·
```

```
510 IF K1<2 THEN RETURN
515 H=1
520 X=1 :GOSUB950
525 FOR K=2 TO K1
530 IF AA$(K)=U$ THEN UM=UM+AM(K) :GOTO550
535 Y=H :GOSUB920
540 X=K :GOSUB950
545 H=H+1
550 NEXT
555 Y=H :GOSUB920
560 K1=H
570 RETURN
600 REM *** UP AUFLOESEN ***
615 D=0 :K2=K1 :L=1 :UK=0
620 FOR K=1 TO K1
625 IF AK(K)=1 THEN670
630 IF D=0 THEN D=1 :READ O$,U$,UM :IF O$=U$ THEN D=2
635 IF D=2 THEN660
640 IF O$<AA$(K) THEN D=0 :GOTO630
645 IF O$=AA$(K) THEN K2=K2+1 :UM=UM*AM(K) :Y=K2 :GOSUB920 :L=0 :D=0 :GOTO630
660 AK(K)=L :L=1
670 NEXT
690 RETURN
700 REM *** UP AUSGABE ***
710 PRINT:PRINT "ERGEBNIS"
720 PRINT "ANZAHL","BAUTEIL"
730 FOR K=1 TO K1:PRINT AM(K),AA$(K) :NEXT
740 RETURN
900 REM
910 AA$(Y)=AA$(X) :AM(Y)=AM(X) :AK(Y)=AK(X) :RETURN
920 AA$(Y)=U$ :AM(Y)=UM :AK(Y)=UK :RETURN
930 AA$(Y)=O$ :AM(Y)=OM :AK(Y)=OK :RETURN
940 U$=O$ :UM=OM :UK=OK :RETURN
950 U$=AA$(X) :UM=AM(X) :UK=AK(X) :RETURN
960 O$=AA$(X) :OM=AM(X) :OK=AK(X) :RETURN
READY.
```

Bild 14.14 Stücklistenauflösung

14.7 Lösung linearer Gleichungssysteme

Problem: Gleichungssysteme der Form

$$a_{11}x_1 + \ldots + a_{1m}x_m = b_1$$

$$\cdot$$
$$\cdot$$
$$\cdot$$

$$a_{m1}x_1 + \ldots + a_{mm}x_m = b_m$$

mit gegebenen a_{ik} und b_i, $1 \leqslant i$, $k \leqslant m$, können mit dem Gaußschen Eliminationsverfahren gelöst werden. Wir wollen diesen Algorithmus in ein Programm umsetzen und unterstellen dabei das System als eindeutig lösbar. Wer sich für Fragen der Lösbarkeit interessiert, mag dazu in Büchern über numerische Mathematik nachschauen.

Gelegentlich sind mehrere Gleichungssysteme mit gleicher Koeffizientenmatrix (a_{ik}) und verschiedenen rechten Seiten zu lösen wie z.B.

$$
\begin{array}{rcl}
2x_1 + x_2 + x_3 &=& 2 \\
x_1 - x_2 + x_3 &=& 3 \\
-x_1 - 2x_2 - x_3 &=& \emptyset
\end{array}
\quad \text{und} \quad
\begin{array}{rcl}
2x_1 + x_2 + x_3 &=& 4 \\
x_1 - x_2 + x_3 &=& \emptyset \\
-x_1 - 2x_2 - x_3 &=& -3
\end{array}
$$

Daher ist das Programm so aufgebaut, daß zu einer Matrix mehrere rechte Seiten eingegeben werden dürfen. (Lösungen dieser Systeme sind $1, -1, 1$ bzw. $2, 1, -1$.)

Um das Programm transparenter zu gestalten, haben wir es in Unterprogramme gegliedert. Das MAIN nimmt wiederum nur Steuerungsaufgaben wahr.

Lösungsweg: Wegen der damit verbundenen kürzeren Formulierung des Verfahrens speichern wir die Koeffizienten und die rechten Seiten intern in einer einzigen (m, n)-Matrix A. Die erste rechte Seite steht in Spalte $m + 1$, die zweite in Spalte $m + 2$ usw., so daß für die beiden genannten Gleichungssysteme folgende Matrix einzugeben wäre:

$$
\begin{array}{rrrrr}
2 & 1 & 1 & 2 & 4 \\
1 & -1 & 1 & 3 & \emptyset \\
-1 & -2 & -1 & \emptyset & -3
\end{array}
$$

Das Gauß-Verfahren zielt darauf ab, ein vorgegebenes lineares Gleichungssystem so umzuformulieren, daß in der Koeffizientenmatrix unterhalb der Hauptdiagonale nur Nullen stehen. Für die erste Spalte gelingt das, wenn jeweils ein geeignetes Vielfaches der ersten Gleichung (Basiszeile) zu jeder der folgenden Gleichungen addiert wird, was ja die Lösungsmenge nicht beeinflußt. Anschließend werden analog mit Hilfe der zweiten Gleichung als Basiszeile die Nullen in der zweiten Spalte geschaffen usw.

Aus numerischen Gründen erfolgt noch eine Spaltenpivotisierung, d.h. durch Vertauschung der Gleichungen wird vor dem ersten Durchgang das betragsgrößte Element der ersten Spalte in die erste Zeile gebracht. Diese Zeile dient dann als erste Basiszeile. Vor dem zweiten Durchgang werden die restlichen Gleichungen so vertauscht, daß deren betragsgrößtes Element der zweiten Spalte nach Zeile 2 kommt usw.

Wenn die Transformation beendet ist, können die Unbekannten in einfacher Form berechnet werden. Aus der letzten Gleichung

$$\emptyset \cdot x_1 + \emptyset \cdot x_2 + \ldots + \emptyset \cdot x_{m-1} + a_{mm}x_m = a_{m,m+1}$$

erhält man

$$x_m = a_{m,m+1}/a_{m,m}.$$

Danach kann aus der vorletzten Gleichung x_{m-1} berechnet werden:

$$x_{m-1} = (a_{m-1,m+1} - a_{m-1,m}x_m)/a_{m-1,m-1}.$$

Analog werden die anderen Unbekannten erhalten, und bei mehreren rechten Seiten ist dieser Auflösungsteil entsprechend zu wiederholen. Eine weitergehende Erläuterung des Gauß-Algorithmus finden Sie in Büchern über numerische Mathematik.

Das Hauptprogramm beschränkt sich im wesentlichen auf Unterprogrammaufrufe, wie Bild 14.15, Plan a, zeigt. Das Löschen ist wegen der Zyklusstruktur nötig, weil sonst beim erneuten Durchlauf versucht würde, einen existierenden Array erneut zu dimensionieren, was eine Fehlermeldung einbrächte.

Das Unterprogramm für die Eingabe der (M, N)-Matrix A haben wir relativ komfortabel gestaltet. Bild 14.15, Plan b, zeigt den entsprechenden Ablaufplan. Mancher Leser wird dieses Unterprogramm auch an anderer Stelle verwenden können. Zu beachten ist, daß die elementweise Eingabe mit $\emptyset$, $\emptyset$, $\emptyset$ beendet wird, so daß sich zulässige Indexwerte auf 1 bis M bzw. 1 bis N beschränken.

Zur Einsparung von Rechenzeit werden im algorithmischen Teil des Programms nicht immer ganze Zeilen bearbeitet. Es ist nicht erforderlich, die Nullen auch tatsächlich herzustellen, die sich aufgrund des Verfahrens unterhalb der Hauptdiagonale ergäben. In Bild 14.16 finden Sie die Ablaufpläne für das Gauß-Verfahren und die Pivotsuche, und Bild 14.17 zeigt das gesamte Programm.

14.8 Normierte Zahldarstellung

Problem: Wenn der Zahlenwert einer Variablen unmittelbar auf dem Bildschirm ausgegeben wird, kann die Darstellungsform nicht beeinflußt werden. Das stört z. B. bei der Ausgabe von Kolonnen, die hier linksbündig geschrieben werden. Es stört auch, wenn unabhängig von der Präzision der Eingangsgrößen die Ergebnisse technischer Berechnungen mit 9 scheinbar signifikanten Ziffern erscheinen. Daher stellen wir hier ein Unterprogramm vor, mit dem Zahlen in der Form

$$\pm x . xxxx \; E \pm xx$$

ausgegeben werden können. Die Anzahl der Ziffern im gebrochenen Teil der Mantisse ist frei wählbar.

Dieses Beispiel demonstriert außerdem den Gebrauch der verschiedenen Stringfunktionen.

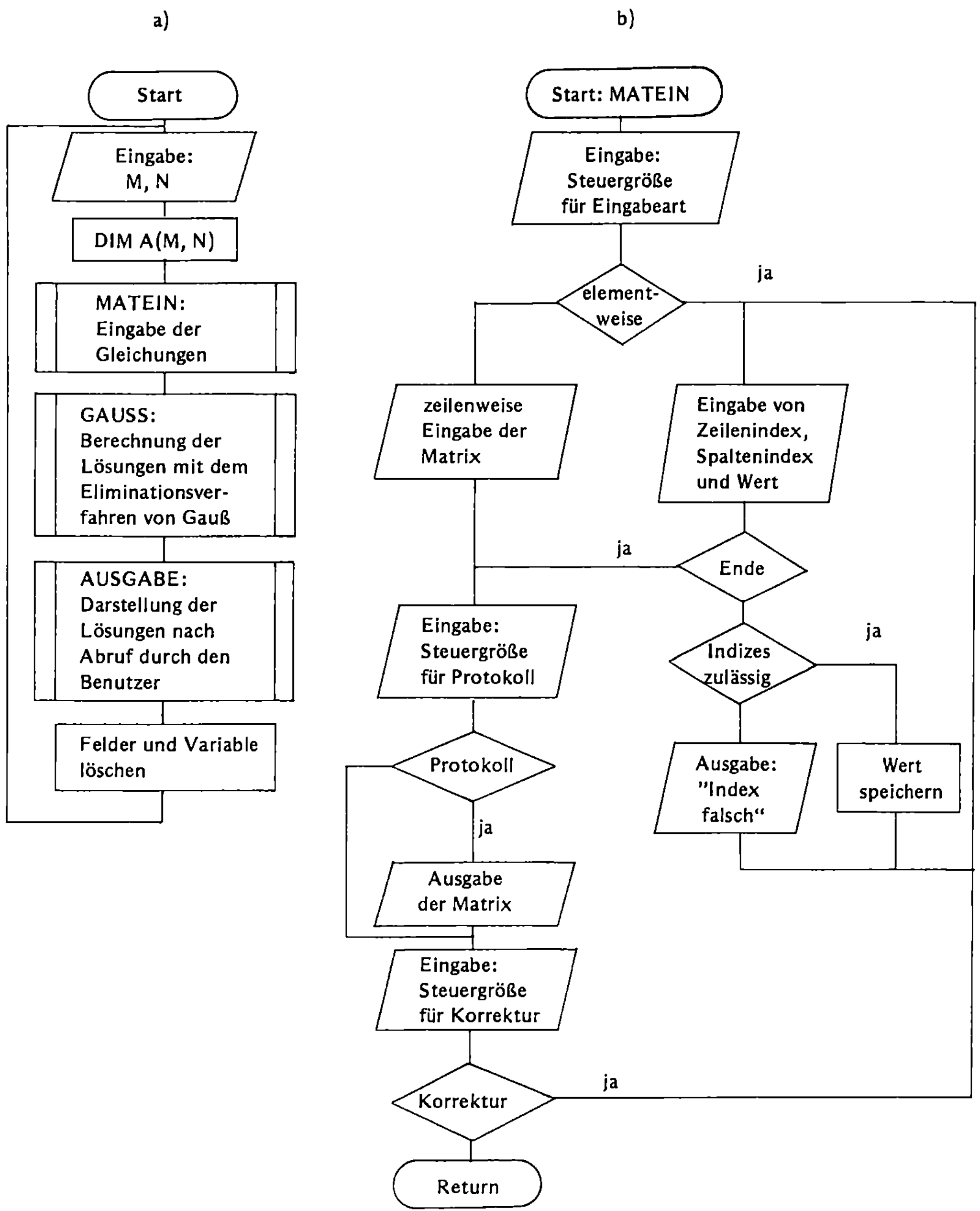

Bild 14.15 Gauß-MAIN und Matrixeingabe

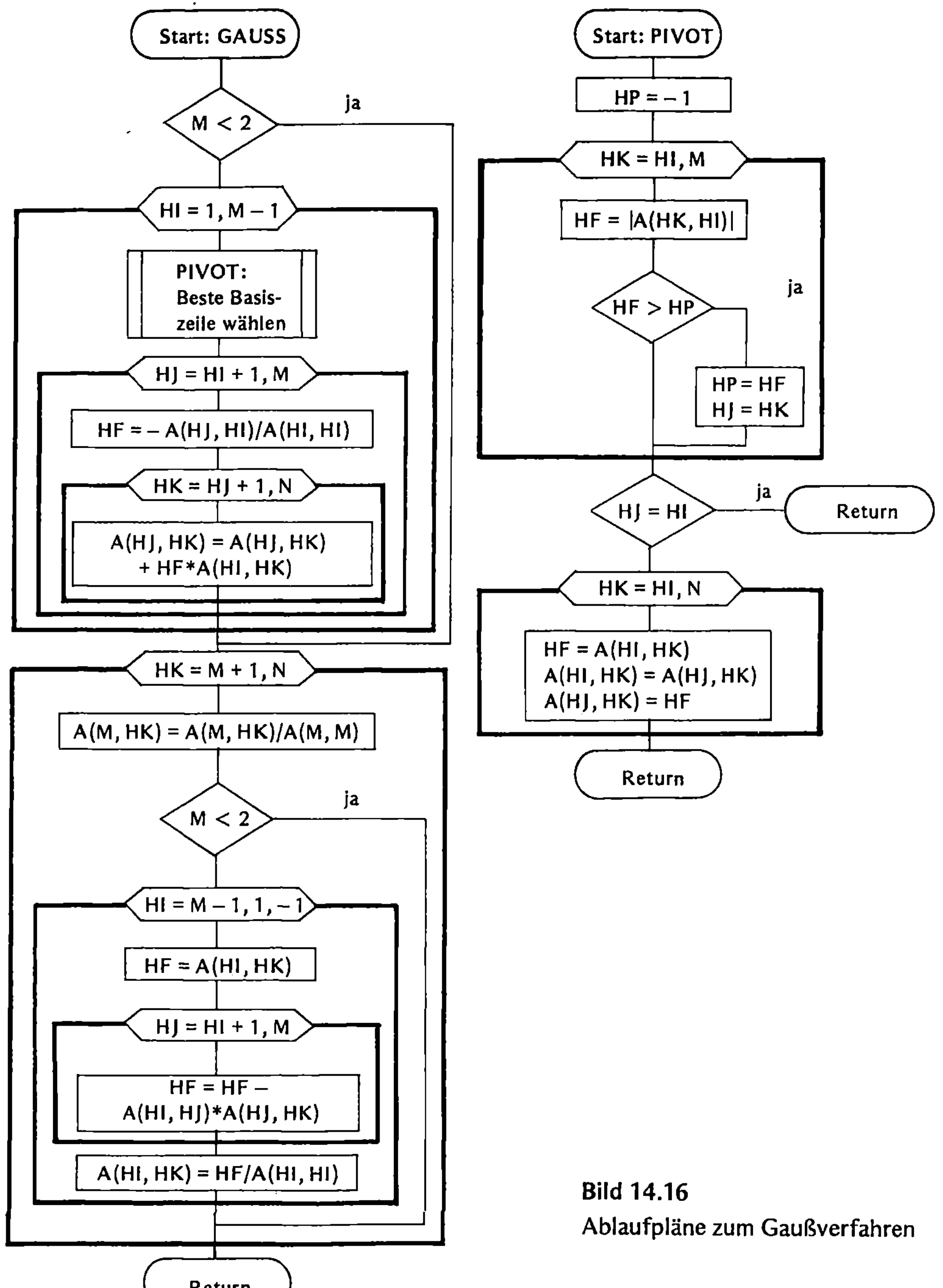

Bild 14.16

Ablaufpläne zum Gaußverfahren

```
READY.

10 PRINT PRINT "3* LINEARE GLEICHUNGSSYSTEME NACH GAUSS *"
20 PRINT "*     MEHRERE RECHTE SEITEN MOEGLICH     *"
30 PRINT PRINT "ZEILENZAHL M UND SPALTENZAHL N EINGEBEN" INPUT"M,N ";M,N
40 IF M<1 OR N<=M THEN 30
50 DIM A(M,N)
60 GOSUB1100
70 GOSUB1200
80 GOSUB1300
90 CLR :GOTO30
1100 REM *** UP EINGABE EINER (M,N)-MATRIX ***
1101 REM EIN:M,N.   AUS MATRIX A.
1116 PRINT PRINT "ZEILEN (Z) ODER ELEMENTE (E) EINGEBEN ?"
1118 INPUT"ZEICHEN Z ODER E";H$
1120 H$=LEFT$(H$,1)  PRINT :IF H$="E" THEN1140
1122 IF H$<>"Z" THEN1118
1124 FOR HI=1 TO M     REM ZEILENWEISE
1126 FOR HK=1 TO N
1128 PRINT "A(";HI;",";HK;")", INPUT A(HI,HK)  NEXT HK,HI
1130 GOTO1150
1140 INPUT"ZEILE,SPALTE,WERT ",HI,HK,HL       REM ELEMENTWEISE
1142 IF HI=0 THEN1150
1144 IF HI<1 OR HK<1 THEN PRINT "INDEX FALSCH"  GOTO1140
1146 IF HI>M OR HK>N THEN PRINT "INDEX FALSCH"  GOTO1140
1148 A(HI,HK)=HL  GOTO1140
1150 PRINT PRINT "PROTOKOLL ? GIB J ODER N ",
1152 INPUT H$ :H$=LEFT$(H$,1)
1154 IF H$="N" THEN1170
1156 IF H$<>"J" THEN1150
1158 PRINT
1160 FOR HI=1 TO M   REM PROTOKOLL
1162 PRINT "ZEILE";HI
1164 FOR HK=1 TO N :PRINT A(HI,HK),   NEXT
1166 PRINT :NEXT
1170 PRINT PRINT "KORREKTUR ? GIB J ODER N ".
1172 INPUT H$  H$=LEFT$(H$,1)
1174 IF H$="N" THEN RETURN
1176 IF H$="J" THEN PRINT GOTO1140
1178 GOTO1170
1200 REM *** UP GAUSS-VERFAHREN ***
1201 REM EIN:M,N,MATRIX A.
1208 IF M<2 THEN1226
1210 FOR HI=1 TO M-1
1212 GOSUB1260
1214 FOR HJ=HI+1 TO M
1216 HF=-A(HJ,HI)/A(HI,HI)
1218 FOR HK=HJ+1 TO N
1220 A(HJ,HK)=A(HJ,HK)+HF*A(HI,HK)
1222 NEXT HK,HJ,HI
1224 REM DREIECKSGESTALT ERREICHT
1226 FOR HK=M+1 TO N
1228 A(M,HK)=A(M,HK)/A(M,M)
1230 IF M<2 THEN1246
1232 FOR HI=M-1 TO 1 STEP -1
1234 HF=A(HI,HK)
1236 FOR HJ=HI+1 TO M
1238 HF=HF-A(HI,HJ)*A(HJ,HK)
1240 NEXT
1242 A(HI,HK)=HF/A(HI,HI)
1244 NEXT
1246 NEXT
1248 REM LOESUNGEN STEHEN AB SPALTE M+1
1250 RETURN
1260 REM *** UP SPALTENPIVOT ***
```

```
1261 REM EIN:HI,M,MATRIX A
1262 HP=-1
1264 FOR HK=HI TO M
1266 HF=ABS(A(HK,HI))
1268 IF HF>HP THEN HP=HF :HJ=HK
1270 NEXT
1272 IF HJ=HI THEN RETURN
1274 REM ZEILEN VERTAUSCHEN
1276 FOR HK=HI TO N
1278 HF=A(HI,HK) :A(HI,HK)=A(HJ,HK)  A(HJ,HK)=HF
1280 NEXT
1282 RETURN
1300 REM *** UP AUSGABE DER LOESUNGEN ***
1301 REM EIN:M,N,MATRIX A
1310 FOR HK=M+1 TO N
1312 PRINT :IF HK=M+1 THEN1320
1314 PRINT "NACH EINGABE DES ZEICHENS  W  WIRD DER  NAECHSTE VEKTOR ANGEZEIGT'
1316 INPUT"W ",W$
1318 IF LEFT$(W$,1)<>"W" THEN1314
1320 PRINT "J";HK-M;". LOESUNGSVEKTOR" :PRINT
1322 FOR HI=1 TO M :PRINT A(HI,HK) :NEXT
1324 NEXT
1326 RETURN
READY.
```

Bild 14.17 Lösung linearer Gleichungssysteme nach Gauß

Lösungsweg: Die darzustellende Zahl wird auf ZA erwartet und auf NZ die Anzahl der in der Mantisse hinter dem Punkt aufzuführenden Ziffern. Das Ergebnis wird auf ZA$ als String der Länge NZ + 7 geliefert. Bei der Aufbereitung wird von STR$(ZA) ausgegangen. Diese Funktion liefert einen String mit der gleichen Zeichenfolge, wie die Zahl bei direkter Ausgabe auf dem Bildschirm erschienen wäre. Die Mantisse einschließlich des Vorzeichens wird als String beibehalten (H$), während der Exponent in seine numerische Form überführt wird (H3). Trat kein Exponent auf, erhält H3 den Wert $\emptyset$.

Jetzt muß der Punkt in der Mantisse hinter die erste Ziffer geschoben werden. Damit das nicht den Zahlenwert verfälscht, erfolgt ein entsprechender Ausgleich im Exponenten H3. Dieser wird anschließend in einen String umgewandelt und in den Ergebnisstring eingearbeitet. Dabei sind eine Reihe von Sonderfällen zu beachten, wie Sie dem Ablaufplan (Bild 14.18) und vor allem dem Programm (Bild 14.19) entnehmen können.

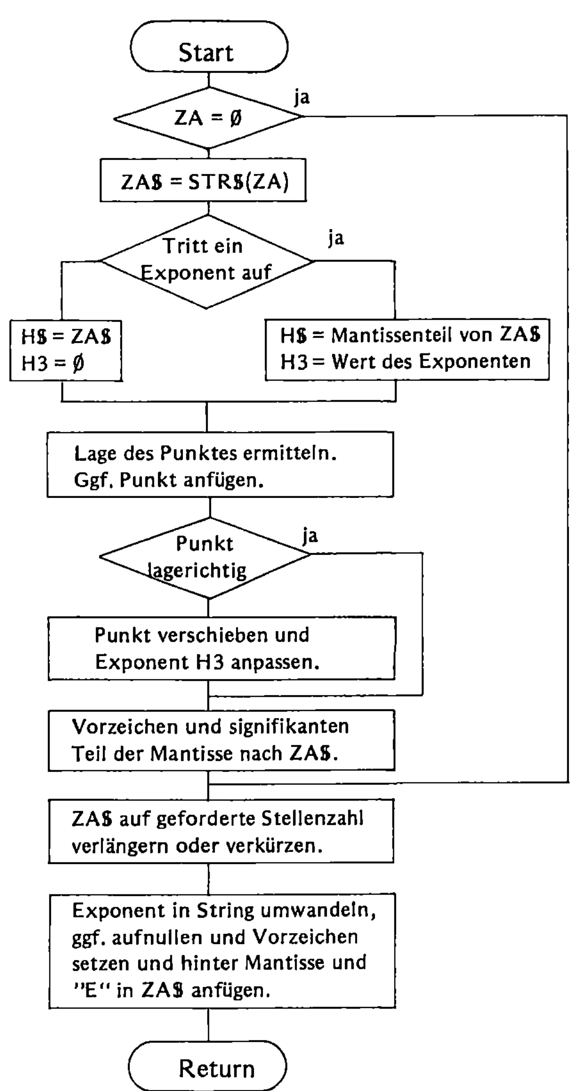

Bild 14.18 Grober Ablaufplan zur Ausgabeaufbereitung von Zahlen

```
READY.

10 REM TEST-MAIN F.NORMZAHL
20 INPUT"ZA,NZ";ZA,NZ
30 GOSUB2000
40 PRINT ZA$ :GOTO10
2000 REM *** UP NORMIERTE ZAHLDARSTELLUNG ***
2001 REM EIN: ZA=ZAHL, NZ=ANZAHL STELLEN HINTERM PUNKT.    AUS:ZA$
2004 IF ZA=0 THEN ZA$=" 0." :H3=0 :GOTO2038
2006 ZA$=STR$(ZA) :H1=LEN(ZA$) :IF H1<5 THEN2012
2008 IF MID$(ZA$,H1-3,1)<>"E" THEN 2012
2010 H$=LEFT$(ZA$,H1-4) :H3=VAL(RIGHT$(ZA$,3)) :GOTO2014
2012 H$=ZA$ :H3=0
2014 ZA$=LEFT$(H$,1) :REM VORZEICHEN DER MANTISSE
2016 H1=LEN(H$)-1
2018 H$=RIGHT$(H$,H1) :REM MANTISSE OHNE VORZEICHEN
2020 FOR H2=1 TO H1 :IF MID$(H$,H2,1)="." THEN2024
2021 NEXT
2022 H$=H$+"." :H1=H1+1 :H2=H1
2024 IF H2=2 THEN ZA$=ZA$+H$ :GOTO2038
2026 IF H2>2 THEN2034
2028 FOR H2=2 TO H1 :H3=H3-1 :IF MID$(H$,H2,1)>"0" THEN2032
2030 NEXT
2031 STOP
2032 ZA$=ZA$+MID$(H$,H2,1)+"."+RIGHT$(H$,H1-H2)  GOTO2038
2034 ZA$=ZA$+LEFT$(H$,1)+"."+MID$(H$,2,H2-2)+RIGHT$(H$,H1-H2)
2036 H3=H3+H2-2
2038 FOR H2=1 TO NZ :ZA$=ZA$+"0" :NEXT
2040 ZA$=LEFT$(ZA$,NZ+3)  REM MANTISSE FERTIG
2042 H$=STR$(H3) :H1=LEN(H$)-1
2044 IF LEFT$(H$,1)<>"-" THEN H$="+"+RIGHT$(H$,H1)
2046 ZA$=ZA$+"E"+LEFT$(H$,1) :IF H1=1 THEN ZA$=ZA$+"0"
2048 ZA$=ZA$+RIGHT$(H$,H1) :RETURN
READY.
```

Bild 14.19 Normierte Zahldarstellung

15 Lösungen der Aufgaben

2-1   Der Cursor zeigt die Stelle des Bildschirms, die bei der nächsten Betätigung einer Taste beschrieben wird.

2-2   Die Bildschirmzeile, in der der Cursor blinkt, wird mit der RETURN-Taste zur Bearbeitung an den Rechner übergeben.

2-3   Der Cursor wird auf das Y gesetzt und dann werden folgende Tasten betätigt:

$\boxed{\text{INST}}$, $\boxed{\text{INST}}$, $\boxed{\text{INST}}$, $\boxed{\text{O}}$, $\boxed{\text{P}}$, $\boxed{\text{P}}$.

2-4   Der Cursor wird auf das U gesetzt und dann werden folgende Tasten betätigt:

$\boxed{\text{INST}}$, $\boxed{\text{R}}$, $\boxed{\text{CRSR} \Rightarrow}$, $\boxed{\text{CRSR} \Rightarrow}$, $\boxed{\text{DEL}}$, $\boxed{\text{B}}$, $\boxed{\text{CRSR} \Rightarrow}$, $\boxed{\text{CRSR} \Rightarrow}$, $\boxed{\text{leer}}$.

2-5   Wenn sie mit der RETURN-Taste übergeben werden, speichert er sie als Programmtext.

3-1   Mit dem Fragezeichen wird das BASIC-Kennwort PRINT für die Ausgabe auf den Bildschirm abgerufen. Vor dem Fragezeichen dürfen Leerstellen und eine Zeilennummer stehen.

3-2
```
10 A = 2
20 B = 3
30 ?A*A + A*B + B*B
RUN
```
oder als 3. Zeile
```
30 ?A↑2 + A*B + B↑2
```

3-3
```
10 X = 12.25
20 Y =  3.5
30 Z =  3.5
40 ?X/(Y*Z)
RUN
```

3-4
```
10 X = 12.25
20 Y =  3.5
30 Z =  3.5
40 A = (X − Y)↑2/(X + Z)
50 ?A
RUN
```

3-5   Eine Variable kann als ein Speicherplatz (für eine beliebige, veränderbare Zahl) angesehen werden. Der Variablenname entspricht der Adresse des Platzes, der Inhalt des Platzes bildet den Variablenwert. Variablennamen bestehen aus einem Buchstaben, zwei Buchstaben oder einem Buchstaben und einer Ziffer.

4-1   Mit der STOP-Taste wird das laufende Programm unterbrochen.

4-2   Vor der Programmeingabe mit NEW den Programmspeicher löschen. Nach der Programmeingabe mit LIST den Inhalt des ganzen Programmspeichers anzeigen lassen.

4-3   Das Programm wird mit RUN (, RUN 1$\emptyset$ oder GOTO 1$\emptyset$) gestartet. Damit ist das Löschen aller Variablen verbunden, so daß A in Zeile 2$\emptyset$ mit Null multipliziert wird. (Bei GOTO 1$\emptyset$ tritt der gleiche Effekt auf, falls X nach der Programmeingabe kein Wert zugewiesen wurde; denn auch bei der Eingabe von Programmzeilen wurden die Variablen gelöscht.)

4-4   Wenn das Programm eingegeben ist, fahren Sie mit

        X = $\emptyset$.25
        GOTO 1$\emptyset$

oder mit

        A = 1
        GOTO 3$\emptyset$

fort.

5-1   2$\emptyset$?TAB(1$\emptyset$);B;TAB(2$\emptyset$);A

5-2   2$\emptyset$?TAB(1$\emptyset$);B;
        3$\emptyset$?TAB(2$\emptyset$);A

5-3   1$\emptyset$?"GEWICHT:";G;"KG"

5-4   1$\emptyset$?SPC(3);"GEWICHT"
        2$\emptyset$?SPC(3);G;"KG"

6-1   "ABC, DEF"

6-2   1$\emptyset$ DATA "ABC, DEF"

6-3   Der Rechner reagiert mit Programmabbruch und der Meldung READY. Sie setzen das Programm fort mit

        CONT | RETURN |

und können dann den geplanten Text eingeben.

6-4   Nein

7-1   1$\emptyset$ INPUT A1, A2, A3
        2$\emptyset$ AM = A1
        3$\emptyset$ IF A2 < AM THEN AM = A2
        4$\emptyset$ IF A3 < AM THEN AM = A3
        5$\emptyset$? AM

7-2
```
1Ø  INPUT N
2Ø  INPUT AM
3Ø  K = 1
4Ø  IF K < N THEN 7Ø
5Ø  PRINT AM
6Ø  END
7Ø  K = K + 1
8Ø  INPUT A
9Ø  IF A < AM THEN AM = A
1ØØ GOTO 4Ø
```

7-3   Wir müssen noch festlegen, wie der Wert von n bereitgestellt wird. Da immer über alle Artikel summiert werden soll, entscheiden wir uns für die Aufnahme von n in die DATA-Anweisungen. Diese richten wir auf ein Beispiel mit 5 Artikeln und den Preisen 17,50 DM, 21,00 DM, 123,80 DM, 99,80 DM und 37,90 DM aus.

```
 1  DATA 5
 2  DATA 17.5, 21, 123.8, 99.8, 37.9
1Ø  SZ = Ø:SN = Ø:L = 1
2Ø  READ N
3Ø  READ P : INPUT A
4Ø  SZ = SZ + A*P : SN = SN + A
5Ø  L = L + 1 : IF L < = N THEN 3Ø
6Ø  PRINT SZ/SN
```

8-1   Die Kassette zurückspulen und das VERIFY-Kommando geben. Wenn die PLAY-Taste eingelegt ist, erscheint die Meldung

FOUND Name.

8-2   AKT, ART, AST, AK, AR, AS, A.

9-1   OPEN-Anweisung für den im PRINT# benutzten Kanal. Fabrikneue Disketten müssen vor der ersten Verwendung sektoriert werden. (s. HEADER)

9-2   Der Diskettenname ist für den Rechner ohne Bedeutung.

9-3   Wenn die Diskette z.B. in Laufwerk 1 liegt, wird durch

DIRECTORY D1

das Inhaltsverzeichnis gezeigt. Der Inhalt des Programmspeichers wird dadurch nicht verändert.

9-4   Die Diskette in Laufwerk Ø wird sektoriert, wobei alle darauf befindlichen alten Dateien zerstört werden. Die Diskette erhält den Namen N2Ø und die Identifikation 1Ø.

9-5   Die geforderte Datei wird mit folgendem Programm erstellt:

```
1Ø DOPEN #2, "TEST", W,DØ
2Ø PRINT#2,1;CHR$(13),2;",";3,CHR$(13);4;",";5;
" , " ;6;CHR$(13)
3Ø DCLOSE
```

Das Lesen der ersten 3 Sätze gelingt mit

```
1Ø DOPEN#3,"TEST",DØ
2Ø INPUT#3,X:PRINT X
3Ø INPUT#3,X,Y:PRINT X,Y
4Ø INPUT#3,X,Y,Z:PRINT X,Y,Z
```

10-1   Wenn Spezialtasten wie z.B. die Cursorsteuertasten Bestandteil eines Ausgabestrings
sind, werden sie bei der Ausgabe auf den Bildschirm interpretiert, bei der Ausgabe
auf den Drucker hingegen als Zeichen dargestellt. Umgekehrt gibt es auch Zeichen,
die vom Drucker als Steuerzeichen interpretiert werden (s. Druckerhandbuch), während sie auf dem Bildschirm als Zeichen erscheinen.

10-2
```
1Ø OPEN 4, 4:OPEN, 1, 4, 1:OPEN 2, 4, 2
2Ø PRINT#4, SPC(4);"X";SPC(1Ø);"X↑2"
3Ø PRINT#2,"S999.999    S999.999"
4Ø INPUT N : K = 1
5Ø INPUT X
6Ø PRINT#1, X, X↑2
7Ø K = K + 1 : IF K <= N THEN 5Ø
8Ø CLOSE 1
```

10-3
```
OPEN 5, 4
CMD 5
LIST
```

und nach dem Drucken

```
PRINT#5
```

11-1
```
1Ø INPUT "N";N
2Ø IF N <Ø THEN 1Ø
3Ø F = 1
4Ø FOR K = 1 TO N
5Ø F = F*K
6Ø NEXT
7Ø PRINT F
```

11-2
```
1Ø INPUT"M,N";M,N
2Ø N = INT(ABS(N)) :REM N WIRD GANZ UND NICHT NEGATIV
3Ø B = 1 : L = 1
4Ø IF N = Ø THEN 9Ø
```

```
5Ø FOR K = 1 TO N
6Ø B = B*M/L
7Ø L = L + 1 : M = M − 1
8Ø NEXT
9Ø PRINT B
```

11-3 Für KS ≠ Ø ist die Schleife
```
2Ø FOR K = KA TO KE STEP KS
    .
    .
    .
9Ø NEXT
```
gleichwertig mit
```
1Ø K = KA
2Ø REM
    .
    .
    .
9Ø K = K + KS :IF (KE − K)*SGN (KS) > = Ø THEN 2Ø
```

11-4
```
1Ø INPUT "N";N:IF N < 2 THEN 1Ø
2Ø DIM X(N), Y(N) :INPUT X(1), Y(1)
3Ø FOR K = 2 TO N
4Ø INPUT X, Y
5Ø FOR L = K − 1 TO 1 STEP − 1
6Ø IF X(L) < = X THEN 1ØØ
7Ø X(L + 1) = X(L) :Y(L + 1) = Y(L)
8Ø NEXT
9Ø L = Ø
1ØØ X(L + 1) = X :Y(L + 1) = Y
11Ø NEXT K
12Ø REM LESEN UND SORTIEREN FERTIG
13Ø FOR K = 1 TO N
14Ø PRINT X(K), Y(K)
15Ø NEXT
```

12-1
```
1Ø INPUT "N";N:IF N < 2 THEN 1Ø
2Ø DIM X(N)
3Ø FOR K = 1 TO N:INPUT "X";X(K):NEXT
4Ø S = Ø:GOSUB 8Ø:M = S/N:PRINT "MITTELWERT =";M
5Ø FOR K = 1 TO N :X(K) = (X(K) − M)↑2 :NEXT
6Ø S = Ø :GOSUB 8Ø :V = S/(N − 1)
7Ø PRINT "VARIANZ =";V:END
8Ø FOR K = 1 TO N :S = S + X(K) :NEXT
9Ø RETURN
```

```
12-2      1Ø  DEFFNAS(SX) = ATN(SX/SQR(1-SX↑2))
          2Ø  DEFFNAC(CX) = ATN(SQR(1-CX↑2)/CX)

13-1     11Ø  INPUT "M";M:M$ = STR$(M):L = LEN(M$)
         12Ø  IF I < 5 THEN 11Ø
         13Ø  IF MID$(M$, L-3, 1) <> "E" THEN 18Ø
         14Ø  K$ = "ØØØ"
         15Ø  IF MID$(M$, 3, 1) <> " . " THEN K$ = " . " + K$
         16Ø  H$ = LEFT$(M$, L-4) + K$
         17Ø  M$ = LEFT$(H$, 6) + RIGHT$(M$, 4)
         18Ø  PRINTM$ :GOTO11Ø

13-2     21Ø  INPUT "STRING"; Q$:L = LEN(Q$)
         22Ø  IF L < 1 THEN 21Ø
         23Ø  PRINT LEFT$(Q$, 1);
         24Ø  IF L = 1 THEN 32Ø
         25Ø  FOR M = 2 TO L
         26Ø  E$ = MID$(Q$, M, 1)
         27Ø  FOR N = 1 TO M-1
         28Ø  IF E$ = MID$(Q$, N, 1) THEN 31Ø
         29Ø  NEXT N
         3ØØ  PRINT E$;
         31Ø  NEXT M
         32Ø  PRINT :GOTO 21Ø

13-3     41Ø  INPUT "STRING"; Q$:L = LEN(Q$)
         42Ø  IF L < 1 THEN 41Ø
         43Ø  K = 1
         44Ø  IF L = 1 THEN 56Ø
         45Ø  FOR M = 2 TO L
         46Ø  E$ = MID$(Q$, M, 1)
         47Ø  FOR N = 1 TO K
         48Ø  H$ = MID$(Q$, N, 1)
         49Ø  IF E$ = H$ THEN 55Ø
         5ØØ  IF E$ < H$ THEN 53Ø
         51Ø  NEXT N
         52Ø  N = K + 1
         53Ø  Q$ = LEFT$(Q$, N-1) + E$ + MID$(Q$, N, M-N) + RIGHT$(Q$, L-M)
         54Ø  K = K + 1
         55Ø  NEXT M
         56Ø  PRINT LEFT$(Q$, K) :GOTO 41Ø
```

Sachwortverzeichnis

Ablaufplan 3
— symbole 2, 66
ABS 79
APPEND 55
Argument 77, 78
arithm. Ausdruck 16
— Operator 14
Array 69
— anlegen 70
ASC 82
ATN 79, 88
Ausgabe 9, 28, 47, 54, 57, 61
—, formatiert 62
— zeile 29

BASIC-Anweisungen:
   CLOSE 48, 61
   DATA 36
   DEFFN 77, 91
   DIM 70, 108
   END 24
   FOR ... NEXT 66
   GOSUB 74, 97, 102
   GOTO 39
   INPUT 33, 35, 48, 55, 57
   ON ... GOSUB 75
   ON ... GOTO 40
   OPEN 47, 60, 61, 62
   PRINT 9, 28, 47, 54, 57,
   60, 61, 62
   READ 36
   REM 21
   RESTORE 36
   RETURN 74
   STOP 24
   Wertzuweisung 16
BASIC-Kommandos:
   CMD 60
   CONT 23
   GOTO 23, 24
   LIST 22, 60
   LOAD 25, 46
   NEW 22, 25
   RUN 23, 25

   SAVE 45
   VERIFY 46
bedingte Anweisung 39, 40
Bemerkungen 21
Bildschirmfenster 30
— funktionen 30
— löschen 12

CHR$ 30, 48, 54, 57, 62, 82
CLOSE 48, 61
CLR-Taste 12, 25
CMD 60
CONT-Kommando 23
COPY 53
COS 79
Cursor 7, 8, 9
— steuertasten 7, 8

DATA 36
Datei eröffnen 47, 54, 56
— kopieren 53
— löschen 53
— schließen 48, 55, 61
— umbenennen 53
Datenfeld 62, 63
— zeile aufbauen 33
Dauerfunktionstasten 9
DCLOSE 55
DEFFN 77, 91
DEL-Taste 8, 25
DIM 70, 108
DIRECTORY 51
DLOAD 52
DOPEN 54, 55, 56
DSAVE 52

Eingabe 33, 35, 48, 55, 57
END 24
ESC-Taste 9, 27
EXP 79

Floppykommandos:
   APPEND 55
   COPY 53

DCLOSE 55
DIRECTORY 51
DLOAD 52
DOPEN 54, 55, 56
DSAVE 52
HEADER 51
RECORD 56
RENAME 53
SCRATCH 53
FOR ... NEXT 66

GOSUB 74, 97, 102
GOTO 39
— Kommando 23, 24
Großschreibung 6

HEADER 51
HOME-Taste 30

Index 69
INPUT 33, 35, 48, 55, 57
INST-Taste 8
INT 17, 79

Kanal 47, 48, 54
Kleinschreibung 6

LEFT$ 83, 111
LEN 83, 93, 111
LIST 22, 60
LOAD-Kommando 25, 46
LOG 79

Math. Funktionen:
   ABS 79
   ATN 79, 88
   COS 79
   EXP 79
   INT 17, 79
   LOG 79
   RND 42, 79, 93
   SGN 79, 88
   SIN 79
   SQR 4, 79

TAN 79
MID$ 83, 111

NEW 22, 25

ON ... GOSUB 75
ON ... GOTO 40
OPEN 47, 60, 61, 62

PRINT 9, 28, 47, 54, 57, 60, 61, 62
Programm 4, 20
— ablaufplan 3
— archivieren 45, 51
— ausführung 23
— laden 46, 52
— liste drucken 60
— speicher 9
— speicher löschen 25
— test 4
— unterbrechen 23, 34
— zeile 9, 21

Rangordnung der Operatoren 15, 42
READ 36
RECORD 56
REM 21
RENAME 53
REPEAT-Taste 9
RESTORE 36
RETURN 74
— Taste 9, 11, 22
RIGHT$ 83, 93, 111

RND 42, 79, 93
RUN-Kommando 23, 25
— Taste 52

SAVE 45
Schleifen 65
— schachtelung 67
SCRATCH 53
SGN 79, 88
SIN 79
SPC 29
Spezialtasten:
    CLR 12, 25
    Cursorsteuerung 7, 8
    DEL 8, 25
    ESC 9, 27
    HOME 30
    INST 8
    REPEAT 9
    RETURN 9, 11, 22
    RUN 52
    STOP 23
— programmieren 27
Sprung 39
—, berechneter 40
SQR 4, 79
Standardfunktionen 79
STOP 24
— Taste 23
String 27
— addition 83, 111

— funktionen:
ASC 82
CHR$ 30, 48, 54, 57,
    62, 82
LEFT$ 83, 111
LEN 83, 93, 111
MID$ 83, 111
RIGHT$ 83, 93, 111
STR$ 82, 93, 111
VAL 82, 97, 111
— variable 28
STR$ 82, 93, 111

TAB 29
TAN 79

VAL 82, 97, 111
Variablen 13
—, indizierte 69, 87, 108
— name 13
Vergleich 40
VERIFY 46

Wertzuweisung 16

Zahl 13
Zeichen einfügen 8
— ersetzen 8
— löschen 8
Zeilen ändern 22
— einfügen 21, 30
— löschen 22, 30
— nummer 9, 20
Zeit 14, 28

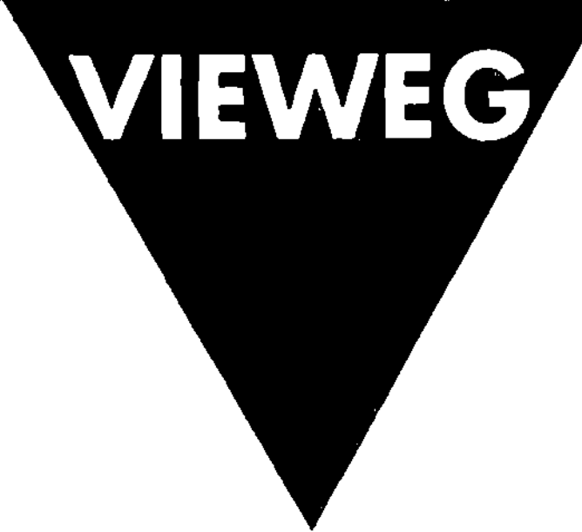

Programmieren von Mikrocomputern

Diese Bände geben den Benutzern von Mikrocomputern über die Betriebsanleitung hinaus zusätzliche Anwendungshilfen. Der Leser findet wertvolle Informationen und Hinweise mit Beispielen zur optimalen Ausnutzung seines Gerätes, besonders im Hinblick auf die Entwicklung eigener Programme.

Band 4

Wolfgang Schneider

Einführung in PASCAL

Mit zahlr. Beispielen u. 10 vollst. Programmen. 1982. Ca. 160 S. DIN C 5. Kart.

Die höhere Programmiersprache PASCAL findet z.Zt. eine schnelle Verbreitung, da das systematische Programmieren in strukturierter Form unterstützt wird. Dieses Buch führt Programmieranfänger an diese neue Programmiersprache heran.

Schnell, Gerhard und Konrad Hoyer

Mikrocomputerfibel

Vom 8-bit-Chip zum Grundsystem. Unter Mitarbeit von Burkhard Kours. 1981. X, 231 S. DIN C 5. Kart.

Inhalt: Einführung — Modell-Mikroprozessor — Die Sprachen der Computer — Arbeiten mit dem Mikroprozessor — Umgang mit Speichern — Mikroprozessor + Speicher = einfaches Grundsystem — Ein Programm für das einfache Grundsystem — Einfaches Grundsystem + Tastatur + Zifferanzeige = Komplettsystem — Betriebssystem = Monitor — Unterprogrammtechnik und Tabellenabruf — Interaktives Echtzeitprogramm — Anhang — Literaturhinweise — Tabelle zur Umwandlung hexadezimal/oktal und umgekehrt — CALM-Tabellen der einzelnen Mikroprozessoren — Sockelschaltungen der einzelnen Mikroprozessoren — Kleines Mikrocomputer-Lexikon — Lösungen der Übungen — Kreuzworträtsel — Liste von Anbietern von Kleinsystemen.

Dieses einführende Lehrbuch behandelt fast alle auf dem Markt angebotenen 8-bit-Mikroprozessorentypen sowohl hard- als auch softwaremäßig. Parallel für alle behandelten Mikroprozessoren werden Programmbeispiele in der einheitlichen, übersichtlichen Assemblersprache CALM beschrieben.

Querschnitte durch den Hirnstamm des Affen
Transverse sections through the brain-stem of the monkey
Coupes transversales du tronc cérébral chez le singe

(Mikrophotographien und Schemata)

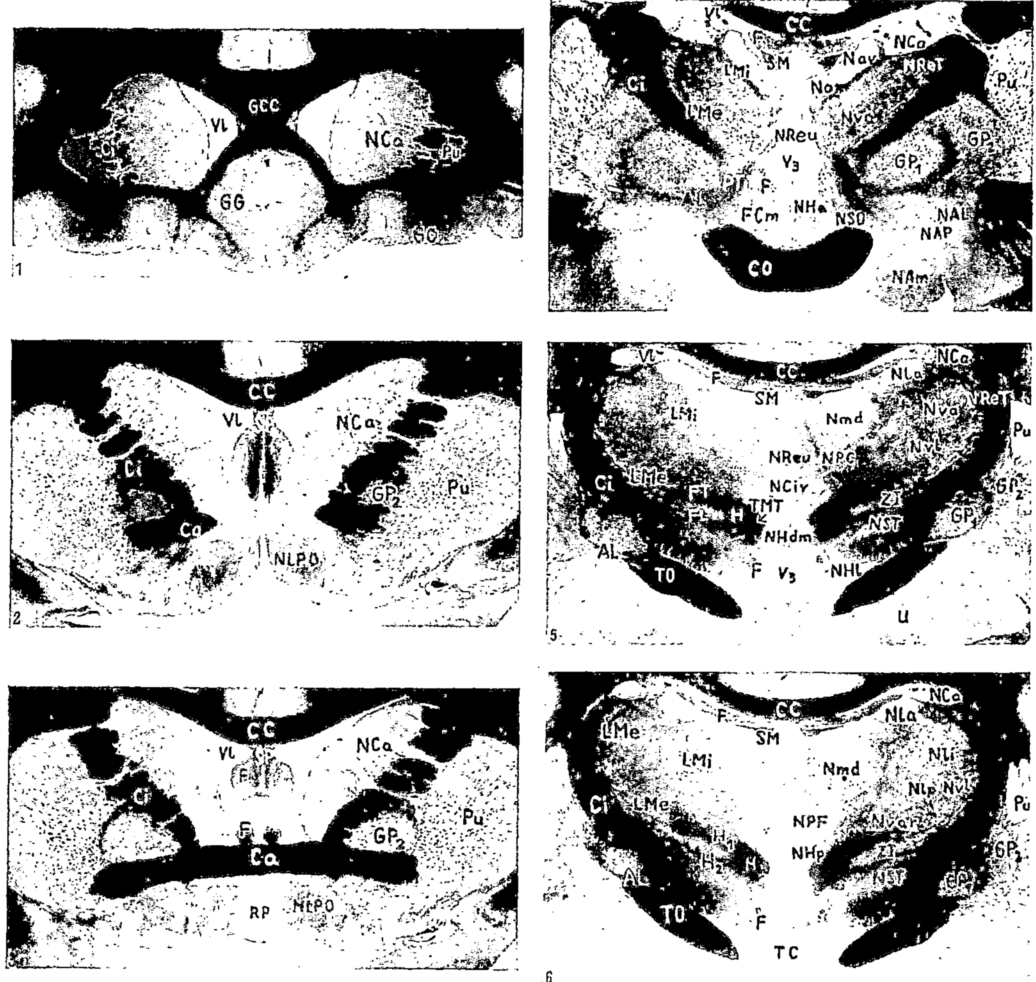

Tafel I. Querschnitte durch das Rhinencephalon und Diencephalon des Affen.
Färbung nach LOYEZ-WEIL (Mikrophotographien).

Plate I. Transverse sections through the rhinencephalon and diencephalon of the
Macacus rhesus. LOYEZ-WEIL stain (microphotographs).

Planche I. Coupes transversales du rhinencéphale et du diencéphale du singe macaque.
Coloration selon LOYEZ-WEIL (microphotographies).

1. *Rhinencephalon* through Genu corporis callosi (GCC) and Gyrus genualis (GG). 2. *Rhinencephalon* through
Septum pellucidum (SP). 3. *Rhinencephalon* through Fornix (F) and Commissura anterior cerebri (Ca)
4. *Diencephalon* through Nucleus ventralis anterior thalami (Nva) and Chiasma opticum (CO). 5. *Diencephalon*
through Nucleus lateralis anterior thalami (Nva) and Tractus opticus (TO). 6. *Diencephalon* as before but more
caudally

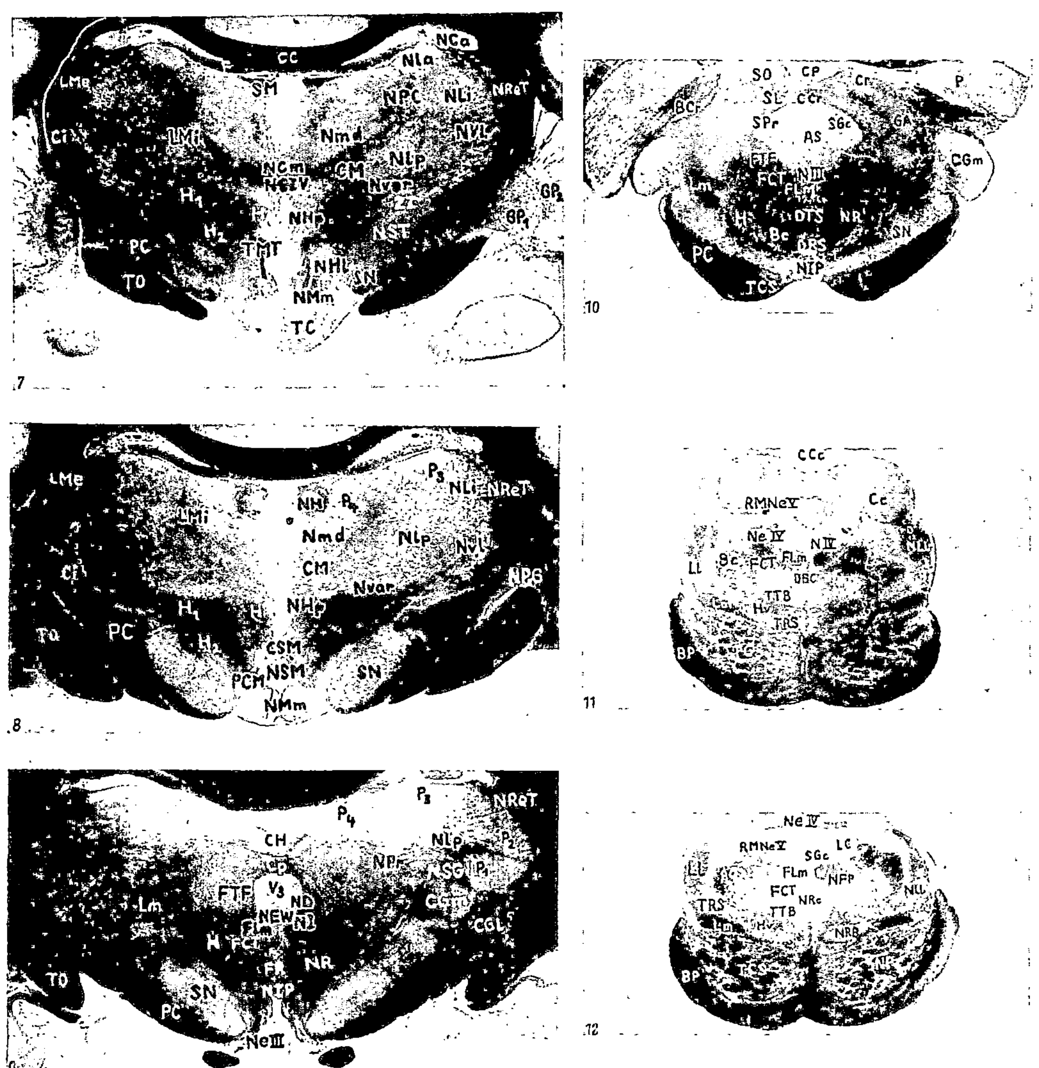

Tafel II. Querschnitte durch das Diencephalon und Mesencephalon des Affen.
Färbung nach LOYEZ-WEIL (Mikrophotographien).

Plate II. Transverse sections through the diencephalon and mesencephalon of the monkey.
LOYEZ-WEIL stain (microphotographs).

Planche II. Coupes transversales du diencéphale et du mésencéphale du singe macaque.
Coloration selon LOYEZ-WEIL (microphotographies).

7. *Diencephalon* through Nucleus medio-dorsalis thalami (Nmd) and Tuber cinereum (TC). 8. *Diencephalon* through Nucleus habenulae (NH) and Nucleus mamillaris medialis (NMm). 9. *Meso-Diencephalon* through Commissura habenularum (CH), Commissura posterior (Cp) and Nervus oculomotorius (Ne III). 10. *Mesencephalon* through Colliculus rostralis (Cr) and Pedunculus cerebri (PC). 11. *Mesencephalon* through Colliculus caudalis (Cc) and Nucleus nervi trochlearis (N. IV). 12. *Metencephalon* through Nucleus reticularis (tegmenti) Bechterew (NRB).

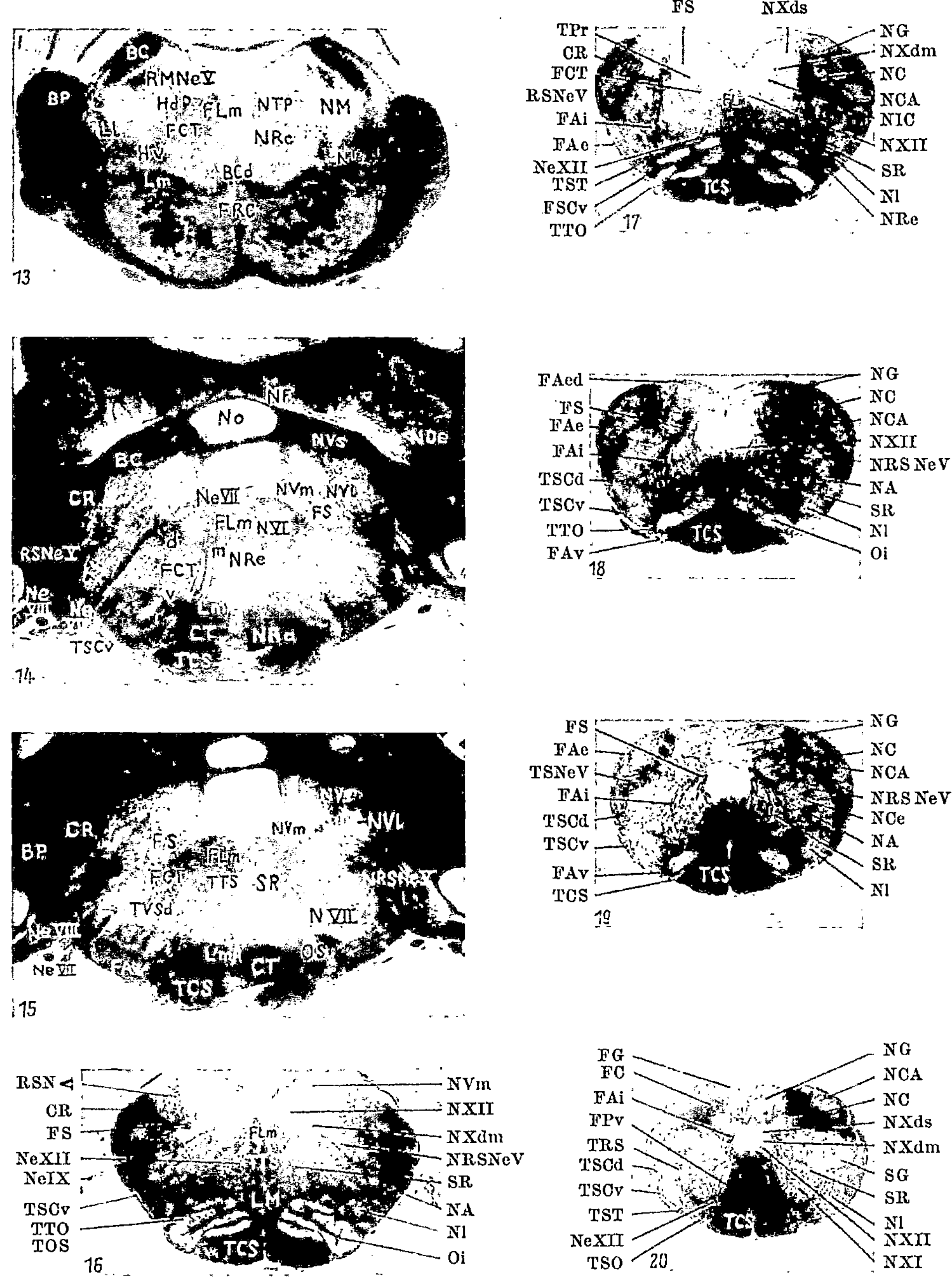

Tafel III. Querschnitte durch das Rhombencephalon des Affen. Färbung nach LOYEZ-
WEIL (Mikrophotographie).

Plate III. Transverse sections through the rhombencephalon of the monkey. LOYEZ-
WEIL stain (microphotographs).

Planche III. Coupes transversales du rhombencéphale du singe macaque. Coloration
selon LOYEZ-WEIL (microphotographies).

13. *Metencephalon* through the Nucleus nervi trigemini motor. (NM). 14. *Metencephalon* through the Nucleus nervi abducentis (N. VI) and the Nucleus dentatus cerebelli (NDe). 15. *Metencephalon* through the caudal part of the Pons, Oliva superior (Os) and Nucleus nervi facialis (N. VII). 16. *Myelencephalon* (Medulla oblongata) at the level of the upper third of the Oliva inferior (Oi) and Nucleus nervi hypoglossi (N. XII). 17. *Myelencephalon* at the level of the middle of the Oliva inferior (Oi). 18. *Myelencephalon* in the plane of the caudal third of the Oliva inferior. 19. *Myelencephalon* at the caudal border of the Oliva inferior, in the plane of the decussation of the Lemniscus medialis (Lm). 20. *Myelencephalon* caudally to the decussation of the Tractus cortico-spinalis (TCS).

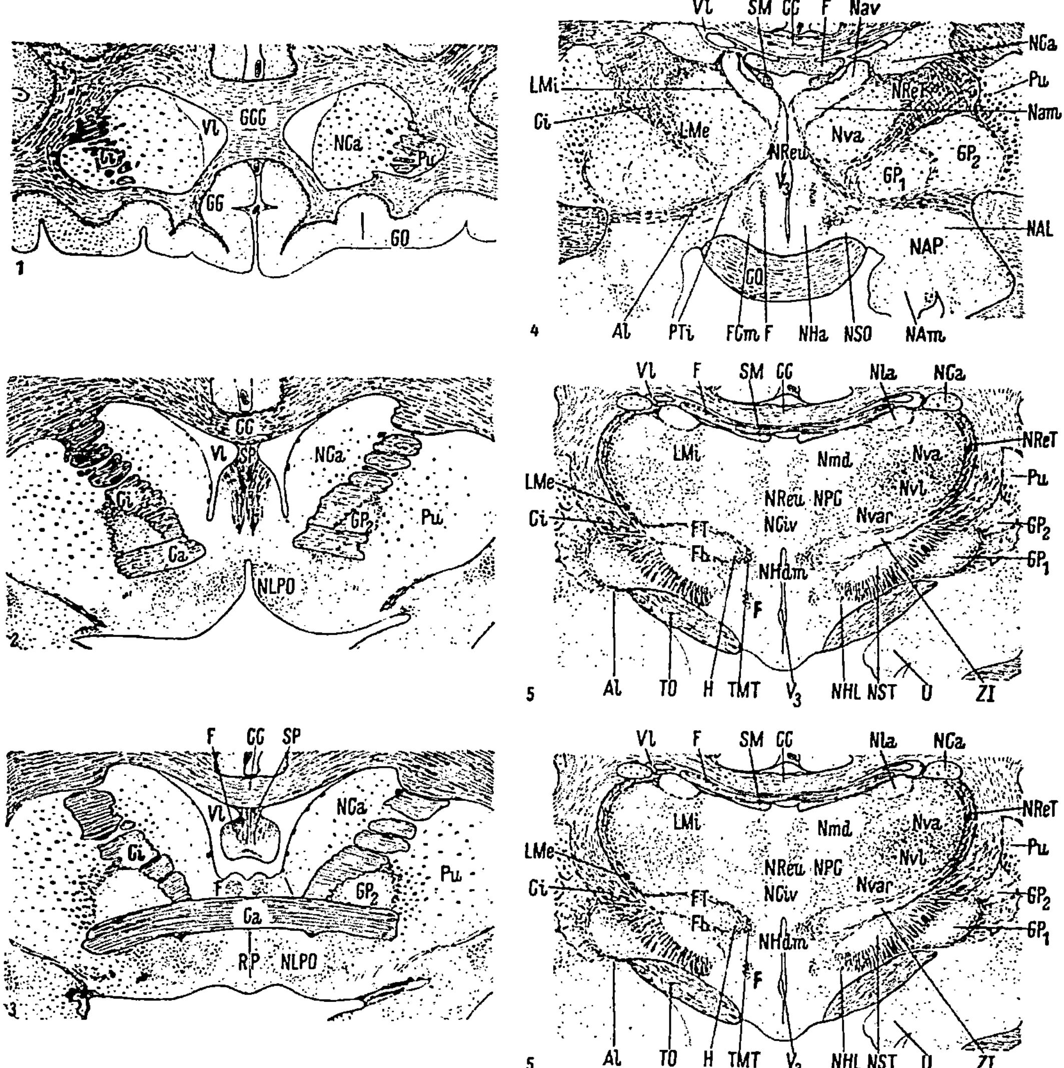

Tafel I a. Querschnitte durch das Rhinencephalon und Diencephalon des Affen
(halbschematische Tuschezeichnungen).

Plate I a. Transverse sections through the rhinencephalon and diencephalon of the
monkey (diagrams).

Planche I a. Coupes transversales du rhinencéphale et du diencéphale du singe
macaque (diagrammes).

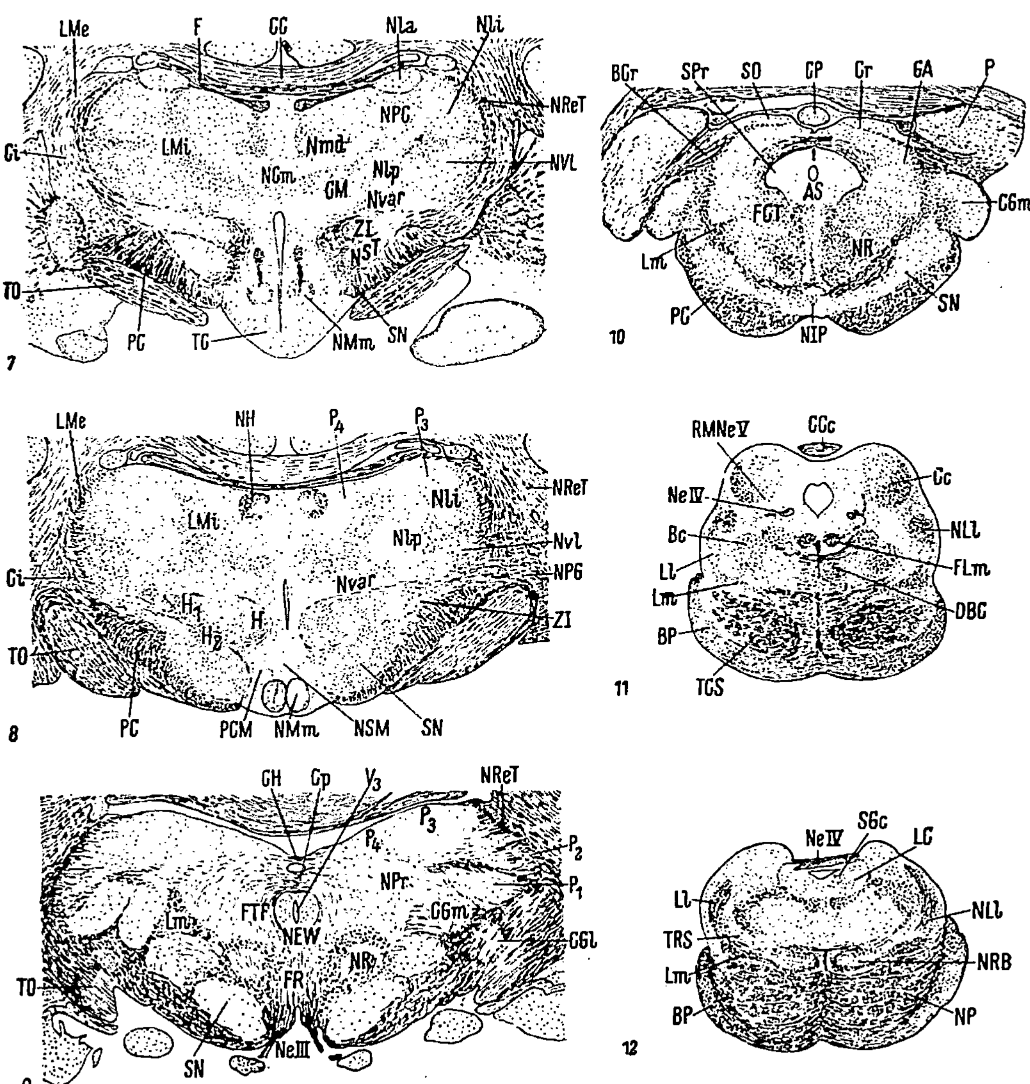

Tafel II a. Querschnitte durch das Diencephalon und Mesencephalon des Affen
(halbschematische Tuschezeichnungen).

Plate II a. Transverse sections through the diencephalon and mesencephalon of the
monkey (diagrams).

Planche II a. Coupes transversales du diencéphale et du mésencéphale du singe macaque
(diagrammes).

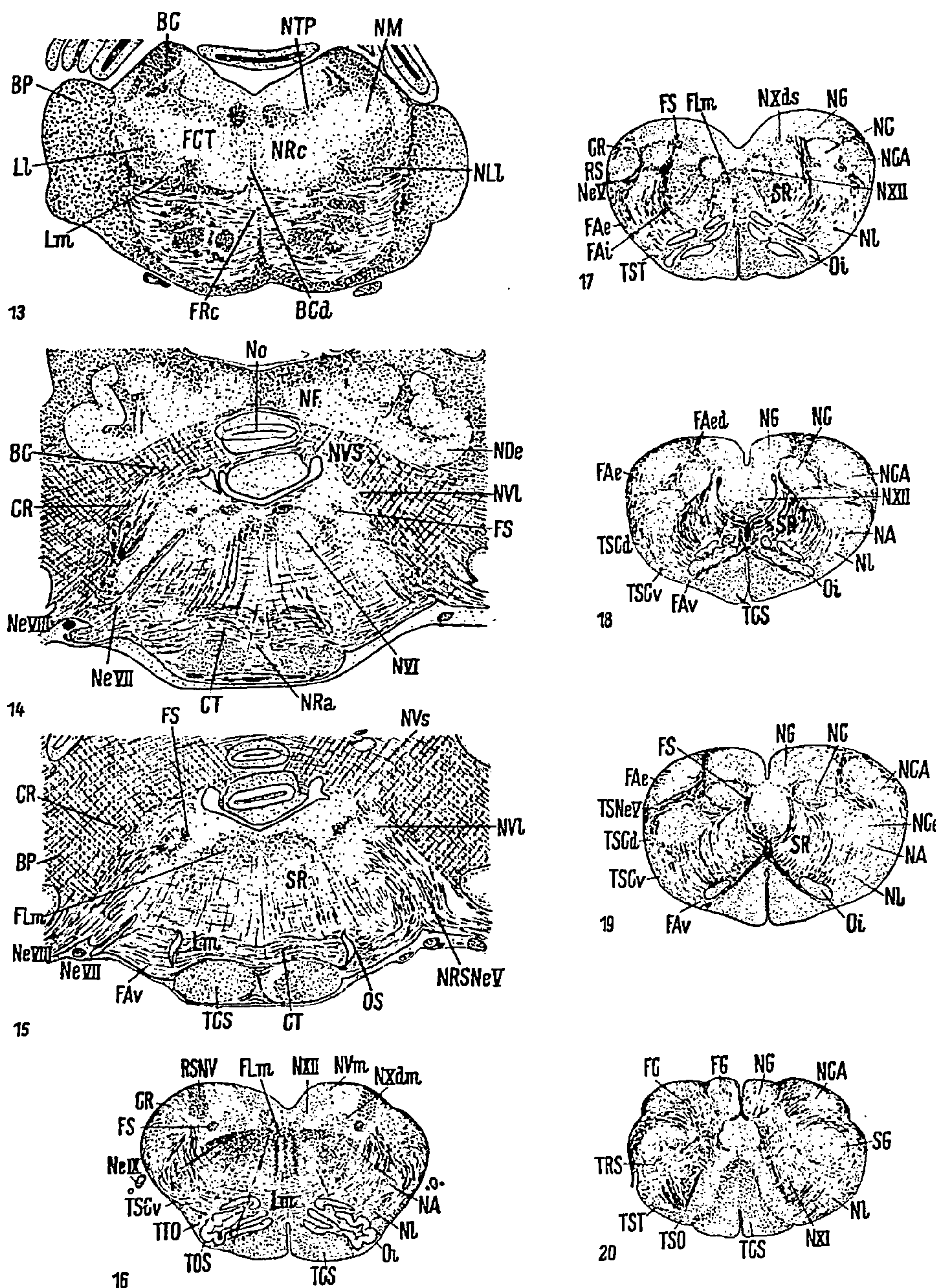

Tafel III a. Querschnitte durch das Rhombencephalon des Affen (halbschematische Tuschezeichnungen).

Plate III a. Transverse sections through the rhombencephalon of the monkey (diagrams).

Planche III a. Coupes transversales du rhombencéphale chez le singe macaque (diagrammes).

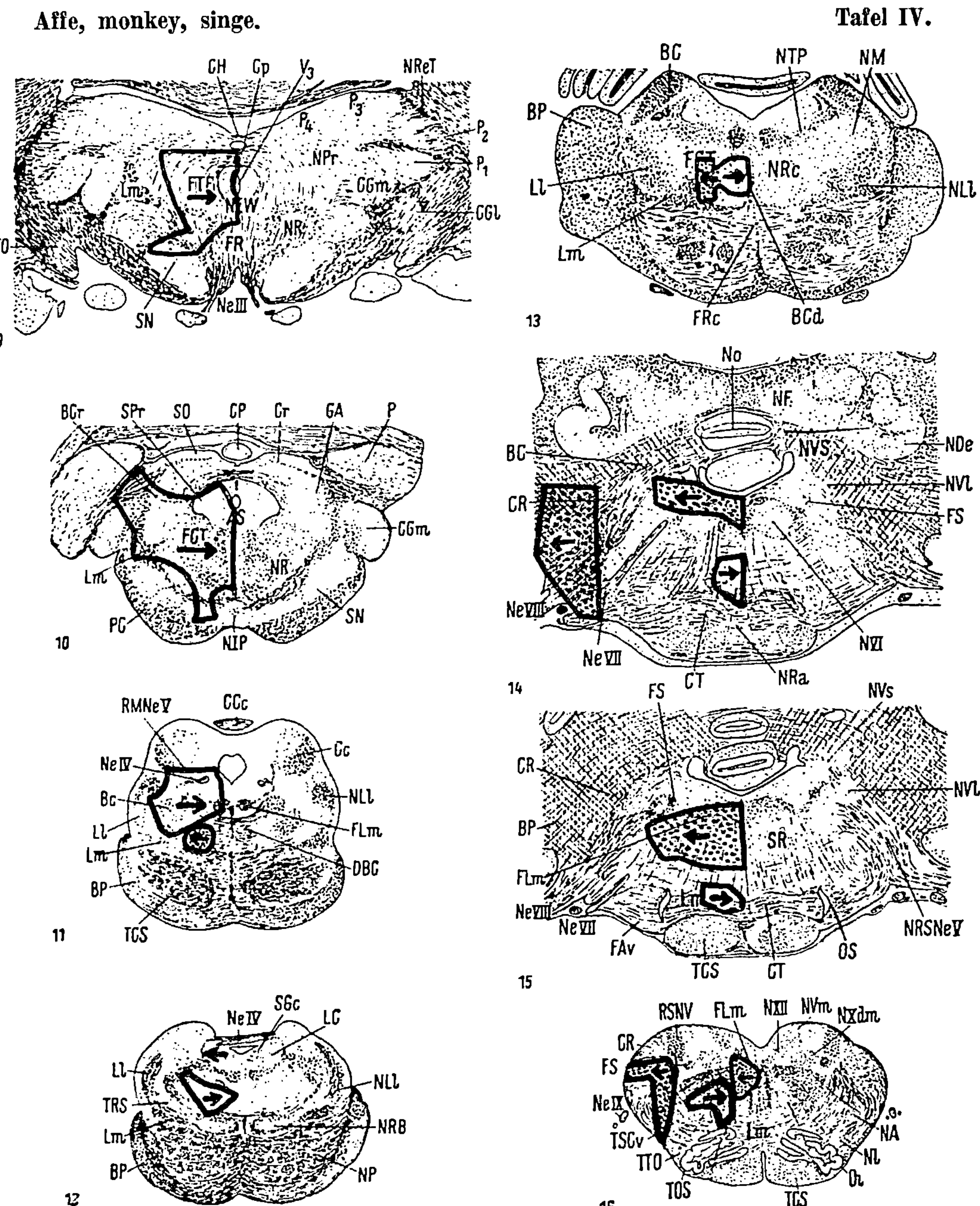

Tafel IV. Lokalisation der Reizpunkte, aus welchen Wendungen des Blickes beim Affen erzeugt wurden (MONNIER: Les formations réticulées tegmentales, 1946).

Plate IV. Plotting of points explored by stimulation: motor reactions of the eyes in the monkey (MONNIER, 1946).

Plate IV. Localisation des points stimulés: réaction oculogyre chez le singe (MONNIER, 1946).

→ contraversive; ← ipsiversive.

Nomina anatomica.

Verzeichnis der Abkürzungen.
List of Symbols.   Liste des abréviations.

AHa	Area hypothalamica anterior.
AHd	Area hypothalamica dorsalis.
AL	Ansa lenticularis.
AP	Area praetectalis.
AS	Aqueductus Sylvii.
AT	Area transitoria (betw. N. ventr. Pars arcuata, N. lat. thal.).
BC	Brachium conjunctivum cerebelli, s. Pédoncule cérébelleux sup.
BCd	Brachium conjunctivum desc.
BCi	Brachium colliculi inf. (caud.).
BCs	Brachium colliculi sup. (rostr.).
BP	Brachium pontis (Crus ponto-cerebellare), s. Péd. cérébell. moy.
Ca	Commissura anterior (rostr.).
CC	Corpus callosum.
CCi	Commissura colliculi inf. (caud.).
Cc	Colliculus caudalis (inf.), s. Corpus quadrigem. post.
CCs	Commissura colliculi sup. (rostr.).
CG	Commissura Ganseri, s. Comm. supraoptica suprema.
CGl	Corpus geniculatum laterale
CGm	Corpus geniculatum mediale
CH	Commissura habenularum pineal.
Ci	Colliculus inf. (caud.), s. Corpus quadrigem. post.
CI	Capsula interna.
CLl	Commissura lemnisci lateralis.
CM	Centre médian de Luys.
CMe	Commissura superior (dorsalis). Meynerti, s. Commissura supraoptica dorsalis.
CO	Chiasma opticum.
CP	Corpus pineale.
Cp	Commissura posterior.
Cr	Colliculus rostralis (sup), s. Corpus quadrigem. ant.

CR	Corpus restiforme (Crus medullo-cerebellare).
Cr	Colliculus sup. (rostr.), s. Corpus quadrigem. ant.
CSM	Commissura supramamillaris.
CT	Corpus trapezoides.
DBC	Decussatio brachiorum conjunct.
DRS	Decussatio rubro-spinalis Foreli (D. tegmenti ventralis).
DSM	Decussatio supramamillaris.
DTS	Decussatio tecto-spinalis Meynerti (D. tegmenti dorsalis).
F	Fornix.
FA	Fibrae arcuatae.
FAe	Fibrae arcuatae ext. (ad. Corpus restiforme).
FAed	Fibrae arcuatae ext. dors.
FAv	Fibrae arcuatae ventr.
FAi	Fibrae arcuatae int.
FC	Fasciculus cuneatus Burdachi (Pars lat. fasciculi dors.).
FCl	Fibrae cerebellares laterales, s. F. arcuatae externae.
FCm	Fasciculus cortico medialis, s. F. medialis telencephali, s. medial forebrain bundle.
FCT	Fasciculus (s. Tractus) centralis tegmenti.
FG	Fasciculus gracilis Golli (Pars med. fasciculi dors.).
FGO	Fasciculus geniculo-occipitalis (s. Tractus geniculo-corticalis radiationis opticae).
FHT	Fasciculus hypothalamo-tegmentalis.
FL	Fasciculus lenticularis.
Flp	Fasciculus longitudinalis post. med.
FOC	Fibrae (s. Tractus) olivo-cerebellares.

FOS	Fibrae olfacto-septales, s. Gyrus subcallosus.
FPd	Fasciculus proprius dorsalis (medullae spinalis).
FPrd	Fasciculus praedorsalis (TTS).
FPl	Fasciculus proprius lateralis (medullae spinalis).
FPv	Fasciculus proprius ventralis (medullae spinalis).
FPV	Fibrae periventriculares.
FR	Fasciculus retroflexus (Meynert), s. Tr. habenulo-peduncularis.
FRC	Fibrae reticulo-cerebellares, s. Fibrae arcuatae externae.
FS	Fasciculus (s. Tractus) solitarius.
FT	Fasciculus thalamicus, s. Tractus thalamo-corticalis.
FTF	Fasciculus tegmenti Foreli.
FU	Fasciculus uncinatus.
GA	Ganglion accessorium corp. genicul. med.
GCC	Genu corporis callosi.
GG	Gyrus genualis.
GO	Gyrus orbitalis.
GP	Globus pallidus (1 and 2).
H	Campus Foreli II, s. Forels Haubenfeld.
Hv	Area tegmenti ventralis.
Hl	Fasciculus tegmenti lateralis.
H_1	Campus Foreli H_1; Pars dorsalis Area tegmenti.
H_2	Campus Foreli H_2; Pars ventralis Area tegmenti.
Hdl	Fasciculus tegmenti dorso-lateralis.
LC	Locus caeruleus.
Ll	Lemniscus lateralis (acusticus).
Lm	Lemniscus medialis (sensitivus).
LMe	Lamina medullaris externa.
LMi	Lamina medullaris interna.
NIII	Nucleus nervi oculomotorii.
NIV	Nucleus nervi trochlearis.
NVI	Nucleus nervi abducentis.
NVII	Nucleus nervi facialis.
NXdm	Nucleus dorsalis (originis) -nervi vagi = motor.
NXds	Nucleus dorsalis (terminalis alae cinereae) nervi vagi = sensor.
NXI	Nucleus nervi accessorii.
NXII	Nucleus nervi hypoglossii.
NAL	Nucleus ansa lenticularis.
NAm	Nucleus amygdalae.
NAP	Nucleus ansa peduncularis.
Na	Nucleus ambiguus (Nucleus ventralis nervi vagi et glossopharyngei).
Na	Nucleus anterior thalami.
Nad	Nucleus anterior dorsalis thalami. (N. rostralis dorsalis).

Nam	Nucleus anterior medialis thalami (N. rostralis medialis).
Nav	Nucleus anterior ventralis thalami (N. rostralis ventralis).
NCa	Nucleus caudatus.
NC	Nucleus fasciculi cuneati Burdachi (N. partis lat. fasc. dors.).
NC_1	Nucleus nervi cervicalis primus.
NCA	Nucleus accessorius fasciculi cuneati (s. N. corporis restif.).
NCe	Nucleus centralis columnae dorsalis (medullae spinalis).
NCiam	Nucleus commissuralis inter-antero-medialis thalami.
NCiv	Nucleus commissuralis interventralis thalami.
NCl	Nucleus centralis lateralis thalami
NCm	Nucleus centralis medialis thalami
NCp	Nucleus commissurae post
NCv	Nucleus ventralis nervi cochlearis
ND	Nucleus Darkschewitsch.
NDe	Nucleus dentatus (cerebelli).
NE	Nucleus entopeduncularis.
NeIII	Nervus oculomotorius.
NeIV	Nervus trochlearis.
NeVII	Nervus facialis.
NeVIII	Nervus vestibuli.
NeIX	Nervus glossopharyngicus.
NeX	Nervus vagus.
NeXI	Nervus accessorius.
NeXII	Nervus hypoglossus.
NF	Nucleus fastigii.
NFa	Nucleus filiformis anterior (s. N. paraventricularis ant.).
NFpr	Nucleus filiformis (s. N. paraventricularis principalis).
NFS	Nucleus fasciculi solitarii.
NG	Nucleus fasciculi gracilis Golli (N. partis med. fasc. dors.).
NGld	Nucleus geniculatus lat. dors.
NGL	Nucleus globiformis.
NGu	Nucleus gustatorius nervi vagi et glossopharyngici.
NH_1	Nucleus campi Foreli H_1.
NHa	Nucleus hypothalamicus ant.
NHal	Nucleus habenulae lateralis.
NHam	Nucleus habenulae medialis.
NHdm	Nucleus hypothalamicus dorso-med.
NHl	Nucleus hypothalamicus lateralis.
NHp	Nucleus hypothalamicus post.
NHPC	Nucleus hypothalamicus parvo-cellularis.
NHPVd	Nucleus hypothalamicus periventricularis dorsalis.
NHPVv	Nucleus hypothalamicus periventricularis ventralis.
NHvl	Nucleus hypothalamicus ventro-lat.

NHvm	Nucleus hypothalamicus ventro-med.
NI	Nucleus intersticialis, Cajal.
NIC	Nucleus intercalatus, Staderini.
NISM	Nucleus interstitialis supra-mamillaris.
NIP	Nucleus interpeduncularis (N. intercruralis).
Nl	Nucleus lateralis (medullae oblongatae), s. N. reticul. inf. lat.
Nla	Nucleus lateralis anterior thalami.
Nli	Nucleus lateralis pars intermedia thalami.
NLl	Nucleus lemnisci lateralis, s. Corpus parabigeminum.
NLp	Nucleus lateralis post. thal.
NLPO	Nucleus lobi parolfactorii.
NM	Nucleus masticatorius (s. originis) nervi trigemini = motor.
Nmd	Nucleus medio-dorsalis thal.
NMm	Nucleus mamillaris medialis.
No	Nodulus.
NP	Nuclei pontis.
Np	Nucleus posterior thalami.
NPc	Nucleus paraventricularis centralis.
NPF	Nucleus parafascicularis.
NPG	Nucleus praegeniculatus.
NPm	Nucleus praeopticus medianus.
NPr	Nucleus praetectalis.
NPT	Nucleus parataenialis.
NPVa	Nucleus paraventricularis ant.
NR	Nucleus ruber.
NRa	Nucleus raphe tegmenti.
NRB	Nucleus reticularis (tegmenti) Bechterew, N. reticul. sup. ventr.
NRc	Nucleus reticularis (tegmenti) centralis, N. reticul. sup. raphe.
NRe	Nucleus reticularis tegmenti.
NReT	Nucleus reticularis thalami.
NReP	Nucleus reticularis pontis.
NReu	Nucleus reuniens ant., s. N. centralis thalami (Massa intermedia).
NRh	Nucleus rhomboidalis.
NRSNeV	Nucleus radicis spinalis (s. N. terminalis tractus) nervi trigemini.
NRv	Nucleus reticularis ventralis (medullae oblongatae).
NSG	Nucleus suprageniculatus.
NSM	Nucleus supramamillaris thal.
NSOD	Nucleus supraopticus diffusus.
NSPF	Nucleus supra-parafascicularis.
NST	Nucleus subthalamicus (Luys).
NT	Nucleus tangentialis.
NTl	Nucleus tuberis lateralis.
NTHPl	Nucleus tractus habenulo-peduncularis lateralis.
NTHPm	Nucleus tractus habenulo-peduncularis medialis.
NTP	Nucleus tegmenti dors. profundus Gudden.
NTS	Nucleus tegmenti sup., s. Nucleus reticularis tegmenti dors. Gudden.
NTSNeV	Nucleus tractus spinalis nervi trigemini.
Nva	Nucleus ventralis anterior thal.
Nvar	Nucleus ventralis arcuatus thal.
Nvl	Nucleus ventralis lateralis thal.
NVL	Nucleus lat. nervi vestibuli (Deiters).
NVm	Nucleus medialis, s. triangularis nervi vestibuli (Schwalbe).
Nvm	Nucleus ventro-medialis thal.
NVs	Nucleus sup. (dors.) nervi vestibuli (Bechterew).
O	Obex, s. Calamus scriptorius.
Oi	Nucleus olivaris inferior.
Os	Nucleus olivaris superior.
$P_{1,2,3,4}$	Pulvinar thalami.
PC	Pedunculus cerebri (Crus cerebri + Tegmentum).
PM	Pedunculus corporis mamillaris.
Po	Pons Varoli.
PP	Nucleus peripeduncularis.
Pp	Pulvinar thalami, pars post.
PTi	Pedunculus thalami inf.
Pu	Putamen.
Rd	Radix dors. nervi spinalis.
RSNV	Radix spinalis (descendens) nervi vestibuli.
RMNeV	Radix mesencephalica nervi trigemini.
RO	Radiatio occipito-thalamica, s. Radiatio optica.
RP	Regio praeoptica.
RSNeV	Radix (Tractus) spinalis nervi trigemini.
RTa	Radiatio thalami anterior.
RTi	Radiatio thalami inferior.
RTs	Radiatio thalami superior.
Rv	Radix ventralis nervi spinalis.
SA	Striae acusticae.
SG	Substantia gelatinosa.
SGc	Substantia grisea centralis.
SGT	Stratum griseum tecti.
SGV	Substantia gelatinosa trigemini.
SL	Stratum lemnisci.
SM	Stria medullaris thalami.
SN	Substantia nigra.
SO	Stratum opticum.
SP	Septum pellucidum.
SPr	Stratum profundum.
SR	Substantia reticularis, s. Formatio reticularis (s. N. reticul. inf. ventr.).
ST	Stria terminalis.

T	Tuberculum olfactorium.
TAc	Tractus acusticus centralis e Nucleo lemnisci lateralis.
TC	Tuber cinereum.
TCS	Tractus cortico-spinalis (s. T. pyramidalis).
TMT	Tractus, s. Fasciculus mamillo-thalamicus Vicq d'Azyr.
TO	Tractus opticus.
TOS	Tractus olivo-spinalis, s. Fasciculus triangularis Helweg.
TOHl	Tractus olfacto-habenularis lat.
TOHm	Tractus olfacto-habenularis med.
TPl	Tractus pyramidalis, s. cortico-spinalis lat.
TPr	Tractus Probst e Loco caeruleo.
TPv	Tractus pyramidalis, s. cortico-spinalis ventr.
TRS	Tractus rubro-spinalis.
TRSl	Tractus reticulo-spinalis lat.
TRSm	Tractus reticulo-spinalis med.
TSCd	Tractus spino-cerebellaris dors. (Flechsig).
TSCv	Tractus spino-cerebellaris ventralis (Gowers).
TSNeV	Tractus spinalis nervi trigemini.
TSO	Tractus spino-olivaris.
TSP	Tractus strio-peduncularis.
TST	Tractus spino-thalamicus.
TSTe	Tractus spino-tectalis.
TTO	Tractus tegmento-olivaris.
TTP	Tractus tecto-pontinus.
TTB	Tractus tecto-bulbaris.
TTS	Tractus tecto-spinalis, s. Tractus praedorsalis.
TVMD	Tractus vestibulo-mesencephalicus dir.
TVMI	Tractus vestibulo-mesencephalicus indir.
TVSD	Tractus vestibulo-spinalis dir.
TVSI	Tractus vestibulo-spinalis indir.
U	Uncus.
V_3	Ventriculus tertius.
Vl	Ventriculus lateralis.
ZI	Zona incerta.

Manzsche Buchdruckerei, Wien IX.

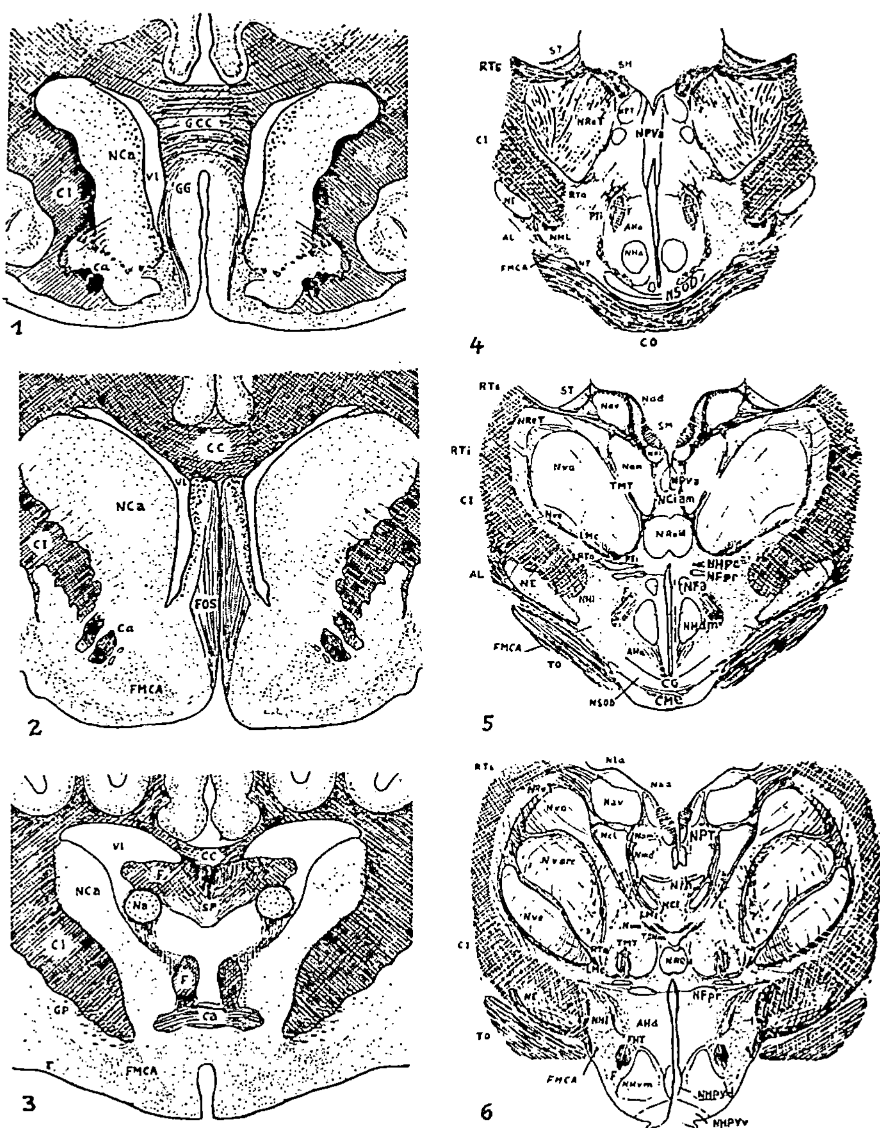

Tafel I a. Querschnitte durch das Rhinencephalon und Diencephalon der Katze
(halbschematische Tuschezeichnungen).

Plate I a. Transverse sections through the rhinencephalon and diencephalon of the
cat (diagrams).

Planche I a. Coupes transversales du rhinencéphale et du diencéphale chez le chat
(diagrammes).

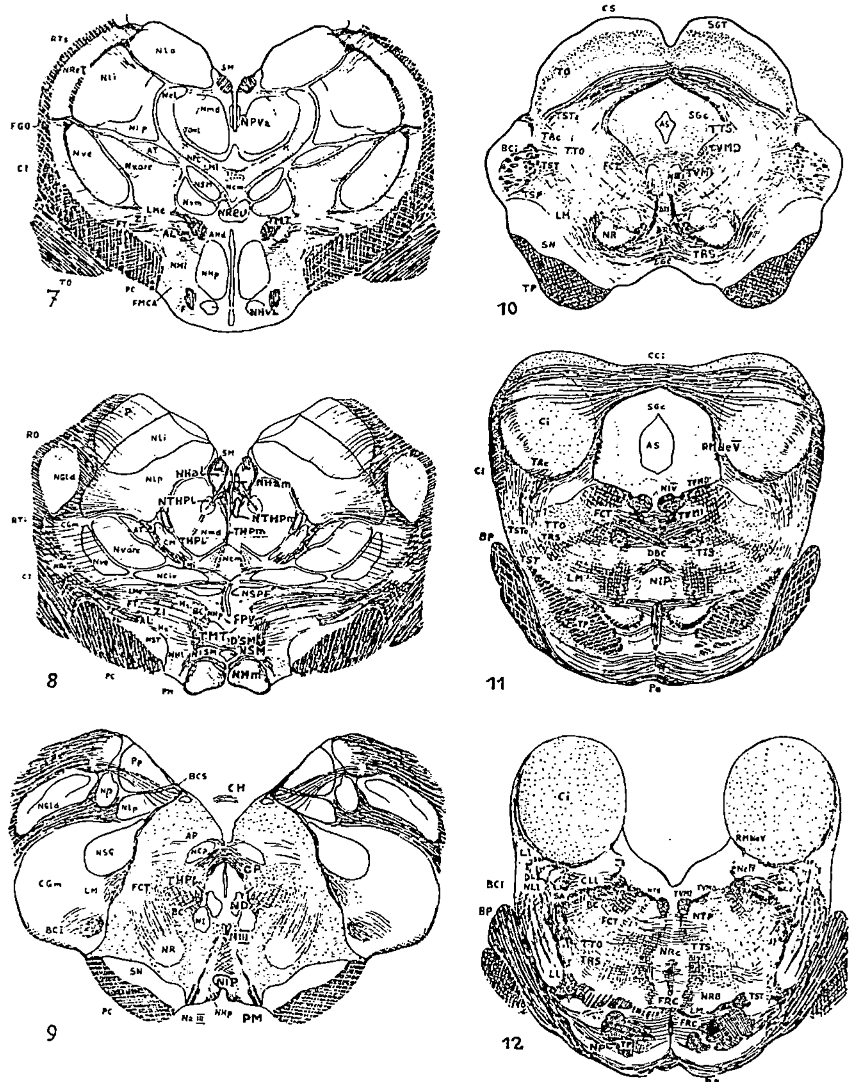

Tafel II a. Querschnitte durch das Diencephalon und Mesencephalon der Katze
(halbschematische Tuschezeichnungen).

Plate II a. Transverse sections through the diencephalon and mesencephalon of the
cat (diagrams).

Planche II a. Coupes transversales du diencéphale et du mésencéphale chez le chat
(diagrammes).

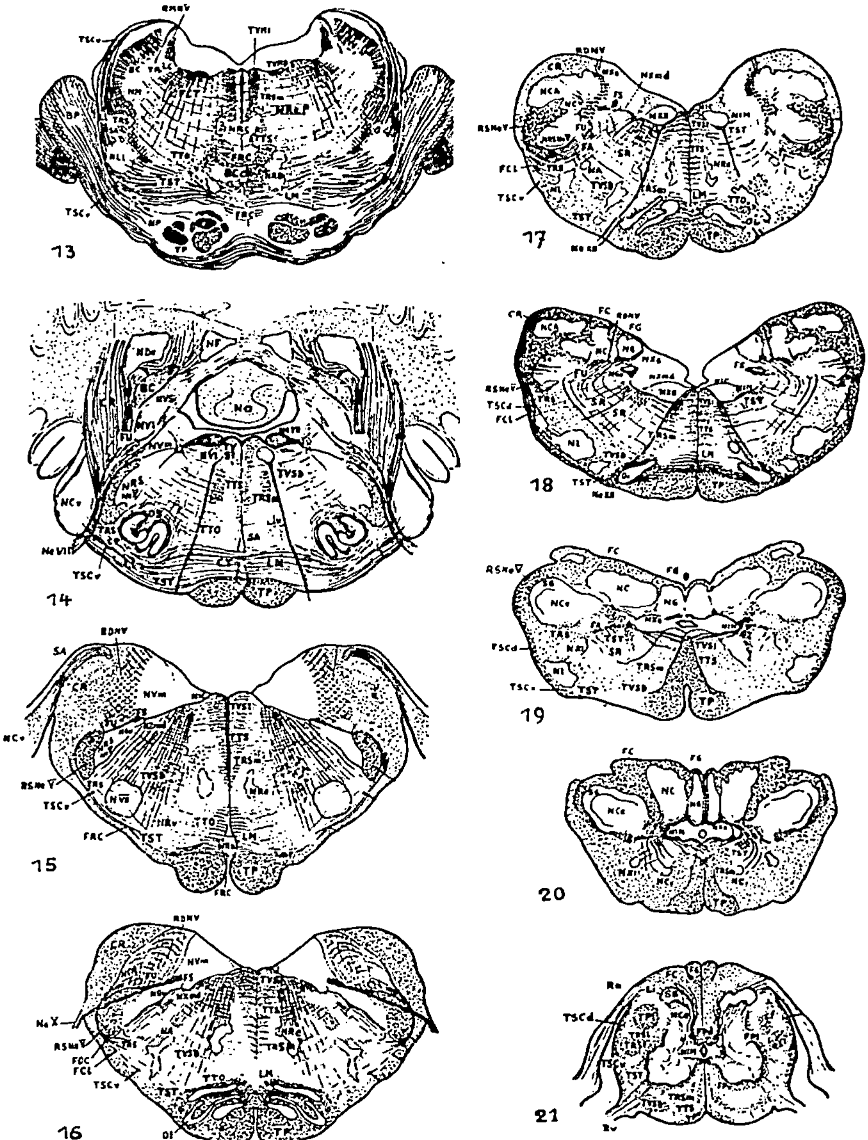

Tafel III a. Querschnitte durch das Rhombencephalon der Katze (halbschematische Zeichnungen).

Plate III a. Transverse sections through the rhombencephalon of the cat (diagrams).

Planche III a. Coupes transversales du rhombencéphale chez le chat (diagrammes).

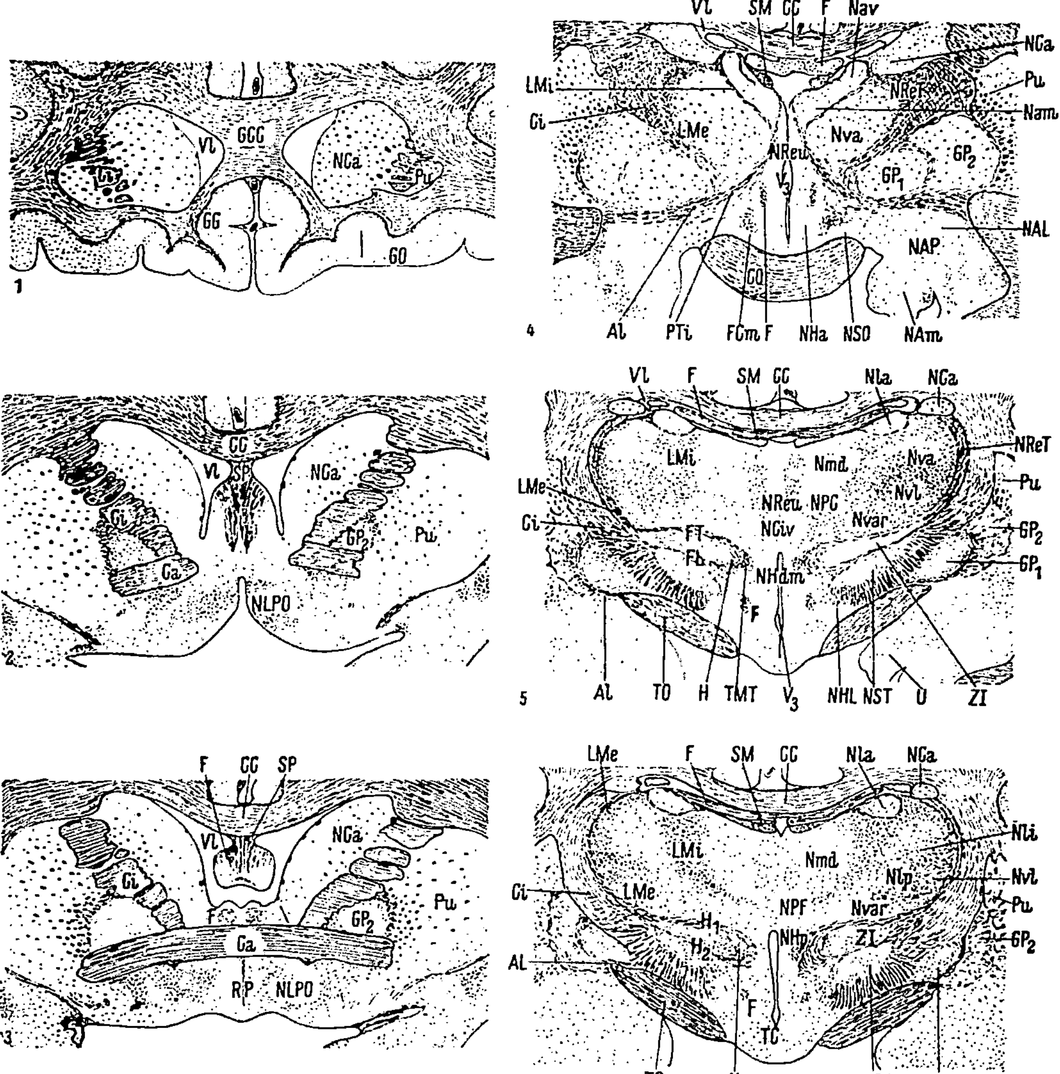

Tafel I a. Querschnitte durch das Rhinencephalon und Diencephalon des Affen (halbschematische Tuschezeichnungen).

Plate I a. Transverse sections through the rhinencephalon and diencephalon of the monkey (diagrams).

Planche I a. Coupes transversales du rhinencéphale et du diencéphale du singe macaque (diagrammes).

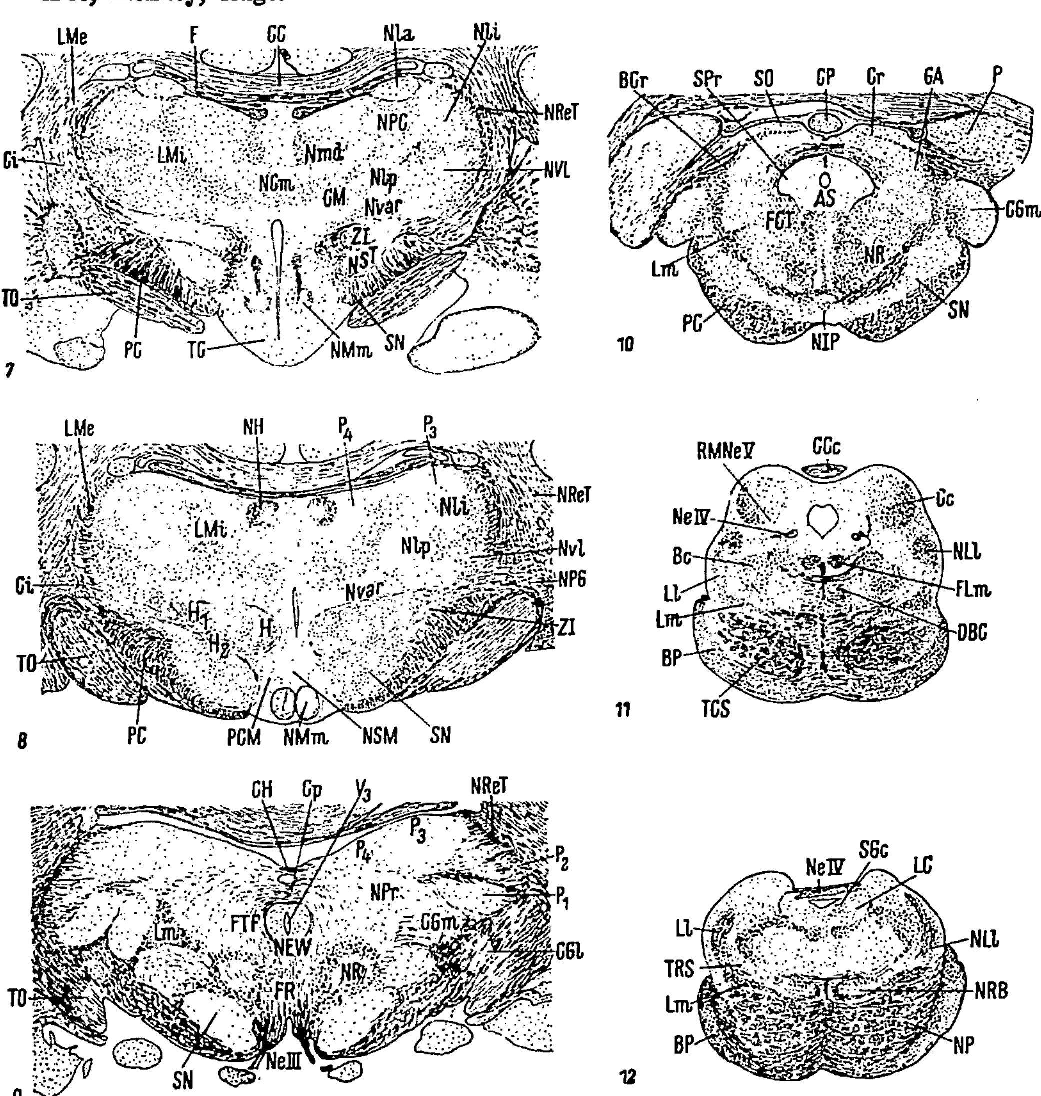

Tafel II a. Querschnitte durch das Diencephalon und Mesencephalon des Affen
(halbschematische Tuschezeichnungen).

Plate II a. Transverse sections through the diencephalon and mesencephalon of the
monkey (diagrams).

Planche II a. Coupes transversales du diencéphale et du mésencéphale du singe macaque
(diagrammes).

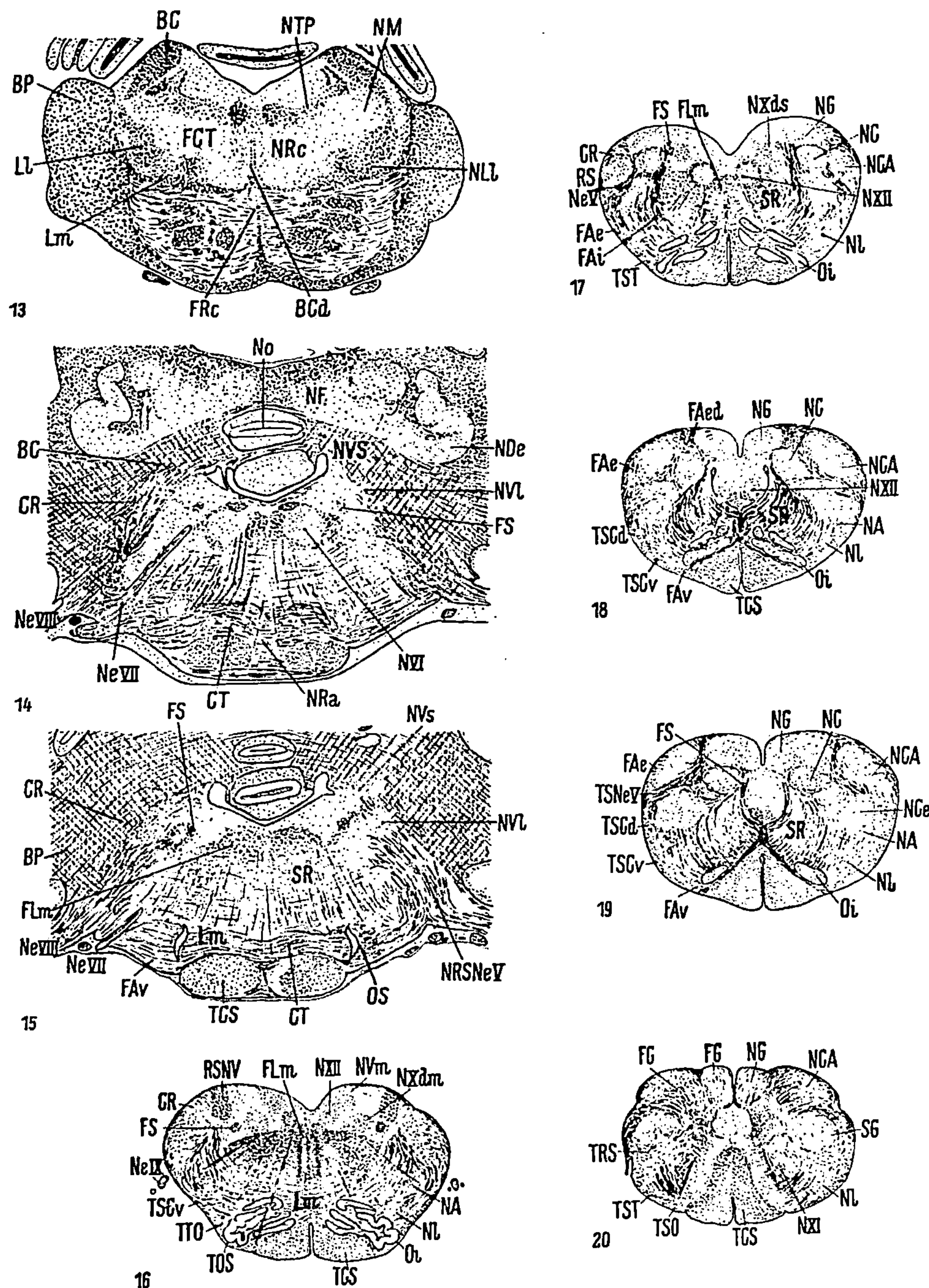

Tafel III a. Querschnitte durch das Rhombencephalon des Affen (halbschematische Tuschezeichnungen).

Plate III a. Transverse sections through the rhombencephalon of the monkey (diagrams).

Planche IIIa. Coupes transversales du rhombencéphale chez le singe macaque (diagrammes).